The Secret™

O Segredo

O Segredo

Rhonda Byrne

SEXTANTE

Título original: *The Secret*

Publicado em acordo com a editora original, Atria Books / Beyond Words, um selo de Simon & Schuster, Inc.

www.thesecret.tv

As informações contidas neste livro têm caráter educativo e não servem para diagnóstico, prescrição, ou tratamento de qualquer distúrbio de saúde. Tais informações não devem substituir a consulta com um profissional de saúde competente. O conteúdo deste livro deve ser usado como coadjuvante num programa de saúde prescrito por um médico. O autor e a editora não se responsabilizam pelo uso indevido do material.

TRADUÇÃO: Fabiano Morais

REVISÃO: Ana Grillo e Magda Tebet

DIAGRAMAÇÃO: Natali Nabekura

CAPA: Gozer Media P / L

PROJETO GRÁFICO: Gozer Media P / L (Austrália) www.gozer.com.au, dirigido por The Secret

ADAPTAÇÃO DE CAPA: Ana Paula Daudt Brandão

IMPRESSÃO E ACABAMENTO: Ipsis Gráfica e Editora

CIP-BRASIL. CATALOGAÇÃO NA PUBLICAÇÃO
SINDICATO NACIONAL DOS EDITORES DE LIVROS, RJ

B999s Byrne, Rhonda, 1955
O segredo / Rhonda Byrne; tradução de Fabiano Morais; Rio de Janeiro: Sextante, 2015.
216 p.; 14 x 17,8 cm.
Tradução de: The Secret
ISBN 978-85-431-0196-5
1. Sucesso - Aspectos psicológicos. 2. Autorrealização (Psicologia). 3. Felicidade. I. Título.

15-19750 CDD: 158.1
CDU: 159.947

Rua Voluntários da Pátria, 45 – 14º andar – Botafogo
22270-000 – Rio de Janeiro – RJ
Tel.: (21) 2538-4100
E-mail: atendimento@sextante.com.br
www.sextante.com.br

O que está em cima
é igual ao que está embaixo.
O que está dentro
é igual ao que está fora.

— *Tábua de Esmeralda*, cerca de 3000 a.C.

Dedicado a Você

Que O Segredo lhe traga amor e alegria
ao longo de toda a sua vida.

Este é o meu desejo para você
e para o mundo.

Sumário

Prefácio ix

Agradecimentos xiii

Revelando O Segredo 1

Simplificando O Segredo 27

Usando O Segredo 45

Práticas Poderosas 71

O Segredo para o Dinheiro 95

O Segredo para os Relacionamentos 113

O Segredo para a Saúde 125

O Segredo para o Mundo 141

O Segredo para Você 155

O Segredo para a Vida 177

Biografias 185

Prefácio

Em 2005, minha vida entrou em parafuso. Eu estava estafada de tanto trabalho, meu pai faleceu de repente e meus relacionamentos profissionais e pessoais estavam atribulados. Mal sabia eu que, do meu maior desespero, viria o meu maior presente.

Foi quando vislumbrei um Grande Segredo – O Segredo da vida. Ele estava em um livro centenário, que recebi de presente de minha filha Hayley. Comecei então a traçar as origens do Segredo ao longo da história. Fiquei pasma ao descobrir quantas pessoas o conheciam. Elas eram os maiores gênios de todos os tempos: Platão, Shakespeare, Newton, Victor Hugo, Beethoven, Lincoln, Emerson, Thomas Edison, Einstein.

Incrédula, perguntei a mim mesma: "Mas não era para *todo mundo* saber disto?" Um desejo profundo de dividir O Segredo com o mundo tomou conta de mim, e comecei a buscar pessoas vivas que o conhecessem hoje.

Uma a uma, elas começaram a aparecer. Eu me tornei um ímã:

assim que comecei a procurá-los, passei a atrair uma série de grandes mestres contemporâneos. Sempre que encontrava um, ele me levava ao próximo, formando uma corrente perfeita. Se eu estivesse no caminho errado, algo desviava minha atenção, e essa distração me revelava o meu próximo grande mestre. Se eu clicasse no link errado por "acidente" durante uma pesquisa na internet, acabava por encontrar alguma informação fundamental. Em poucas semanas, eu havia traçado as origens do Segredo ao longo dos séculos e descoberto quais são as pessoas que o praticam na atualidade.

A ideia de fazer um filme para divulgar O Segredo para o mundo se tornou uma obsessão para mim. Ao longo dos dois meses seguintes, minha equipe de produção cinematográfica e televisiva foi apresentada ao Segredo. Era fundamental que cada membro da equipe o conhecesse, pois, sem esse conhecimento, nossa missão seria impossível.

Não tínhamos garantido a participação de um único mestre no filme, mas conhecíamos O Segredo, e foi com toda a fé que embarquei em um avião da Austrália para os Estados Unidos, onde a maioria dos mestres se encontrava. Sete semanas depois, minha equipe tinha filmado 120 horas de material com 55 dos maiores mestres em todo o país. A cada passo e a cada respiração, nós utilizávamos O Segredo para criar nosso filme. Literalmente atraíamos tudo e todos para nós, como verdadeiros ímãs. Oito meses depois, o filme *The Secret – O Segredo* foi lançado.

À medida que o filme conquistava o mundo, inúmeros relatos de milagres começaram a surgir: as pessoas escreviam que tinham sido curadas de dores crônicas, depressões e doenças; que haviam voltado a andar pela primeira vez após um acidente; ou até mesmo que haviam se recuperado depois de terem estado à beira da morte. Recebemos milhares de testemunhos de como O Segredo estava sendo usado para obter grandes quantias de dinheiro, inclusive cheques que chegavam de forma inesperada pelo correio. Relatos de pessoas que haviam usado O Segredo para conquistar as casas, os parceiros amorosos, os carros, os empregos e as promoções dos seus sonhos, bem como muitas histórias de negócios que foram transformados em questão de dias após a aplicação do Segredo. Além de casos comoventes de casais com filhos que estavam em crise e recuperaram a harmonia em seus relacionamentos.

Algumas das histórias mais extraordinárias que recebemos foram as de crianças que usaram O Segredo para atrair o que elas queriam, como melhores notas na escola e mais amigos. Médicos foram inspirados a dividir o conhecimento do Segredo com seus pacientes; universidades e escolas a dividi-lo com seus alunos; academias de ginástica a dividi-lo com seus clientes; e igrejas de todas as denominações e centros espirituais a dividi-lo com seus fiéis. Em todo o mundo, as pessoas têm feito reuniões em suas casas para dividir o conhecimento do Segredo com familiares e amigos. O Segredo tem sido usado para atrair tudo o que você possa imaginar – desde um estado de humor específico até 10 milhões de dólares. E tudo isso aconteceu nos poucos meses após o lançamento do filme.

Minha intenção ao criar *The Secret – O Segredo* era, e continua sendo, trazer alegria a bilhões de pessoas em todo o mundo. A nossa equipe tem visto esta intenção se tornar realidade todos os dias, na forma de milhares de cartas que recebemos de pessoas do mundo inteiro, de todas as idades, raças e nacionalidades, expressando sua gratidão pela alegria que O Segredo lhes trouxe. Não há nada que você não possa fazer com este conhecimento. Não importa quem você seja ou onde esteja, O Segredo pode lhe dar qualquer coisa que você quiser.

Este livro conta com a colaboração de 24 mestres extraordinários. Seus depoimentos foram filmados em diversas partes dos Estados Unidos, todos em momentos diferentes, mas eles falam como uma só voz. Nestas páginas, você encontrará as palavras dos mestres do Segredo, bem como as histórias miraculosas do Segredo em ação. Eu busquei partilhar todos os percursos, dicas e atalhos que aprendi para que você possa viver a vida dos seus sonhos.

Em alguns trechos deste livro eu escrevi a palavra "Você" com a primeira letra em maiúscula. Fiz isso porque quero que você, leitor, tenha a certeza de que criei este livro especialmente para você. Quando digo Você, estou me dirigindo a você pessoalmente. Minha intenção é fazê-lo se sentir conectado a estas páginas em um nível pessoal, pois O Segredo foi criado para Você.

Ao viajar por estas páginas e aprender O Segredo, você descobrirá como pode ter, ser e fazer tudo o que quiser. Descobrirá quem você é de verdade. Descobrirá a verdadeira grandeza que a vida lhe reservou.

Agradecimentos

Gostaria de demonstrar minha mais profunda gratidão a cada pessoa que entrou em minha vida e me inspirou, me tocou e me iluminou com sua presença.

Também gostaria de expressar minha gratidão aos seguintes indivíduos por seu extraordinário apoio e suas contribuições à minha jornada e à criação deste livro:

Pela generosidade de dividirem comigo sua sabedoria, amor e nobreza de caráter, presto homenagem aos coautores de *The Secret – O Segredo*: John Assaraf, Michael Bernard Beckwith, Lee Brower, Jack Canfield, Dr. John Demartini, Marie Diamond, Mike Dooley, Bob Doyle, Hale Dwoskin, Morris Goodman, Dr. John Gray, Dr. John Hagelin, Bill Harris, Dr. Ben Johnson, Loral Langemeier, Lisa Nichols, Bob Proctor, James Ray, David Schirmer, Marci Shimoff, Dr. Joe Vitale, Dr. Denis Waitley, Neale Donald Walsch e Dr. Fred Alan Wolf.

Aos seres humanos magníficos que fazem parte da equipe de produção de *The Secret – O Segredo*: Paul Harrington, Glenda Bell, Skye Byrne e Nic George. Bem como a Drew Heriot, Daniel Kerr, Damian Corboy e a todos aqueles que participaram da nossa jornada para a criação do filme *The Secret – O Segredo*.

A James Armstrong, Shamus Hoare e Andy Lewis, da Gozer Media, pela criação do belo projeto gráfico que capturou o espírito do Segredo.

Ao CEO do Segredo, Bob Rainone, que nos caiu do céu.

A Michael Gardiner e à equipe jurídica e de consultoria na Austrália e nos Estados Unidos.

À equipe da página do Segredo na internet: Dan Hollings, John Herren e a todos na Powerful Intentions que coordenam e administram o Fórum do Segredo, assim como a todos os maravilhosos membros do fórum.

Aos grandes avatares e mestres do passado, cujos escritos acenderam uma chama ardente de desejo dentro de mim. Tenho caminhado sob a sombra de sua grandeza, e venero cada um deles. Agradeço especialmente a Robert Collier e à Robert Collier Publications, a Wallace Wattles, Charles Haanel, Joseph Campbell e à Joseph Campbell Foundation, a Prentice Mulford, Genevieve Behrend e Charles Fillmore.

A Richard Cohn e Cynthia Black, da Atria Books/Beyond Words, e a Judith Curr, da Simon & Schuster, por terem aberto seus corações e abraçado O Segredo. A Henry Covi e Julie Streigerwaldt, pela preparação dos originais.

A Cathy Goodman; Susan Sloate e seu filho Colin Halm; Susan Morrice, diretora da Belize Natural Energy; Jeannie MacKay; e Joe Sugarman, pela generosidade em compartilhar suas histórias.

Ao Dr. Robert Anthony, a Jerry e Esther Hicks e os ensinamentos de Abraham, a David Cameron Gikandi, John Harricharan, Catherine Ponder, Gay e Katie Hendricks, Stephen MR Covey, Eckhart Tolle e Debbie Ford, por suas lições de vida inspiradoras. A Chris e Janet Attwood, a Marcia Martin, aos membros do Transformational Leaders Council, aos organizadores do Spiritual Cinema Circle, à equipe do Agape Spiritual Center e aos assistentes e membros da equipe de todos os mestres que participaram de *The Secret – O Segredo*.

Aos meus preciosos amigos, por seu amor e apoio: Marcy Koltun-Crilley, Margaret Rainone, Athena Golianis e John Walker, Elaine Bate, Andrea Keir e Michael e Kendra Abay. E à minha incrível família: Peter Byrne; minhas irmãs muito especiais: Jan Child, por sua ajuda inestimável na criação deste livro, Pauline Vernon, Kaye Izon (falecida) e Glenda Bell, que está sempre ao meu lado e cujo amor e prestatividade não conhecem limites. Minha linda e corajosa mãe, Irene Izon, e em memória do meu pai, Ronald Izon, cuja luz e amor continuam a iluminar nossas vidas.

E, por fim, às minhas filhas Hayley e Skye Byrne. A Hayley, que foi a responsável pelo início da verdadeira jornada da minha vida, e a Skye, que me acompanhou na criação deste livro e revisou e transformou minhas palavras de forma brilhante. Minhas filhas são as pedras preciosas da minha vida, e a existência delas ilumina o próprio ar que eu respiro.

Revelando O Segredo

Bob Proctor

Filósofo, escritor e consultor pessoal

O Segredo lhe dá tudo o que você quiser: felicidade, saúde e riqueza.

Dr. Joe Vitale

Metafísico, especialista em marketing e escritor

Você pode ter, fazer e ser tudo o que quiser.

John Assaraf

Empresário e especialista em finanças e investimentos

Nós podemos ter tudo o que quisermos. Não importa quão inalcançável pareça.

Em que tipo de casa você gostaria de viver? Você quer ser milionário? Que tipo de negócio gostaria de ter? Quer ter mais sucesso? O que você deseja acima de tudo?

Dr. John Demartini

Filósofo, quiroprático, terapeuta e especialista em transformação pessoal

Este é o Grande Segredo da Vida.

Dr. Denis Waitley

Psicólogo e orientador na área de expansão do potencial da mente

Os líderes do passado que possuíam O Segredo queriam mantê-lo em seu poder sem dividi-lo com ninguém. Eles ocultavam O Segredo das pessoas. Elas apenas iam ao trabalho, cumpriam suas funções e voltavam para casa. Ficavam presas a um círculo vicioso, sem nenhum poder, pois O Segredo era privilégio de poucos.

Ao longo de toda a história, muitos cobiçaram o conhecimento do Segredo; e muitos encontraram maneiras de compartilhar este conhecimento com o mundo.

Michael Bernard Beckwith

Visionário e fundador do Agape International Spiritual Center

Já vi muitos milagres ocorrerem nas vidas das pessoas.

Milagres financeiros, milagres de cura física e espiritual, milagres em que relacionamentos foram restaurados.

JACK CANFIELD
ESCRITOR, PROFESSOR, CONSULTOR PESSOAL E PALESTRANTE MOTIVACIONAL

Tudo isso aconteceu graças ao conhecimento sobre como aplicar O Segredo.

O Que é O Segredo?

BOB PROCTOR

Você deve estar se perguntando: "O que é O Segredo?" Vou lhe contar como passei a entendê-lo.

Todos trabalhamos com um poder infinito. Todos somos guiados exatamente pelas mesmas leis. As leis naturais do Universo são tão precisas que não temos qualquer dificuldade em construir espaçonaves, enviar astronautas à Lua e cronometrar a aterrissagem com uma precisão de frações de segundo.

Onde quer que você esteja – na Índia, na Austrália, na Nova Zelândia, em Estocolmo, Londres, Toronto, Montreal ou Nova York –, todos trabalhamos com um só poder. Uma Lei. A atração!

O Segredo é a lei da atração!

É você quem está atraindo tudo o que estiver vindo para a sua vida. E o que atrai todas essas coisas são as imagens que você projeta em sua mente. Os seus pensamentos. *Não importa o que esteja em sua mente, é isso que você está atraindo para si.*

> "Cada um de seus pensamentos é uma coisa real – uma força."
>
> Prentice Mulford (1834–1891)

Os maiores mestres de todos os tempos nos revelaram que a lei da atração é a lei mais poderosa do Universo.

Poetas como William Shakespeare, Robert Browning e William Blake transmitiram isso em suas poesias. Músicos como Ludwig van Beethoven o expressaram por meio das suas composições. Artistas como Leonardo da Vinci o representaram em suas pinturas. Grandes pensadores como Sócrates, Platão, Ralph Waldo Emerson, Pitágoras, Sir Francis Bacon, Sir Isaac Newton, Johann Wolfgang von Goethe e Victor Hugo o compartilharam em seus escritos e ensinamentos. Seus nomes foram imortalizados e suas existências lendárias sobreviveram aos séculos.

Religiões como o hinduísmo, as tradições herméticas, o budismo, o judaísmo, o cristianismo e o islamismo, e também civilizações do passado, como a Babilônia e o Egito Antigo, transmitiram esse conhecimento por meio de seus escritos e histórias. Registrada através das eras em todas as suas formas, a lei pode ser encontrada em textos ancestrais ao longo dos séculos. Ela foi gravada em pedra no ano 3000 a.C. Embora alguns tenham de fato cobiçado esse conhecimento, ele sempre esteve ao alcance de todos que o quisessem descobrir.

A lei existe desde o início dos tempos. Ela sempre existiu e sempre irá existir.

É ela que determina a ordem de todo o Universo, cada momento da sua vida e cada uma das suas experiências. Não importa quem você seja e onde você esteja, a lei da atração está formando toda a sua experiência de vida, e essa lei poderosa está fazendo isso por meio dos seus pensamentos. É você quem coloca a lei da atração em funcionamento, e é através dos seus pensamentos que você o faz.

Em 1912, Charles Haanel descreveu a lei da atração como "a maior e mais infalível de todas as leis, da qual depende todo o sistema da criação".

BOB PROCTOR

Os sábios sempre souberam disso. Volte até os antigos babilônios e você verá. Eles sempre tiveram esse conhecimento. Ele pertence a um pequeno e seleto grupo de pessoas.

A grande prosperidade dos antigos babilônios foi muito bem documentada por estudiosos do período. Eles também são conhecidos por terem criado uma das Sete Maravilhas do Mundo, os Jardins Suspensos da Babilônia. Graças à sua compreensão e aplicação das leis do Universo, eles se tornaram um dos povos mais ricos da História.

Bob Proctor

Por que você acha que 1% da população ganha cerca de 96% de todo o dinheiro que circula no mundo? Você acha que isso acontece por acaso? Muito pelo contrário. Essas pessoas compreenderam algo. O que elas compreenderam foi O Segredo, e agora você está sendo apresentado a ele.

As pessoas que atraíram riqueza para as suas vidas utilizaram O Segredo, quer de forma consciente, quer inconsciente. Elas nutrem pensamentos de abundância e riqueza, e não permitem que nenhuma ideia que os contradiga crie raízes em suas mentes. Seus pensamentos são predominantemente voltados para a riqueza. A riqueza é *tudo* o que elas conhecem, e nada mais existe em suas mentes. Quer elas saibam disso ou não, seus pensamentos predominantes sobre riqueza foi o que a trouxe para suas vidas. Isso é a lei da atração em funcionamento.

Um exemplo perfeito do Segredo e da lei da atração em funcionamento é o seguinte: você já deve ter ouvido falar de pessoas que ficaram riquíssimas, perderam tudo e em pouco tempo conseguiram tudo de volta. O que aconteceu nesses casos, tenham elas se dado conta disso ou não, é que seus pensamentos estavam voltados predominantemente para a riqueza; foi assim que elas a conquistaram para começo de conversa. Então, elas permitiram que pensamentos de medo de perder essa riqueza entrassem em suas mentes, até esses pensamentos de medo se tornarem predominantes. Elas deixaram que seus pensamentos de riqueza fossem substituídos por pensamentos de perda, e então perderam tudo. Mas, assim que sofreram essa perda, o medo de perder o que tinham desapareceu, e a riqueza voltou a predominar em seus pensamentos. E elas recuperaram sua riqueza.

A lei responde aos seus pensamentos, sejam eles quais forem.

Semelhante Atrai Semelhante

JOHN ASSARAF

A maneira mais simples de entender a lei da atração seria pensar em si mesmo como um ímã, pois sabemos que um ímã atrairá coisas para si.

Você é o ímã mais poderoso do Universo! Contém um poder magnético dentro de si que é mais forte do que qualquer outra coisa neste mundo, e este poder magnético incomensurável é irradiado pelos seus pensamentos.

BOB DOYLE
ESCRITOR E ESPECIALISTA NA LEI DA ATRAÇÃO

Em termos básicos, a lei da atração afirma que semelhante atrai semelhante. Mas isso se aplica, na verdade, aos nossos pensamentos.

A lei da atração afirma que *semelhante atrai semelhante*, de modo que, quando pensa em algo, você está atraindo pensamentos *semelhantes* para si. Veja mais alguns exemplos de como você pode ter experimentado a lei da atração na sua vida:

Você já se viu pensando em algo que o desagradava e, quanto mais pensava no assunto, pior ele lhe parecia? Isso é porque, quando você pensa insistentemente na mesma coisa, a lei da atração começa a lhe trazer no mesmo instante mais pensamentos *semelhantes*. Em questão de minutos, você recebe tantos maus pensamentos semelhantes que a situação parece cada vez pior. Quanto mais pensa no assunto, mais transtornado você fica.

Você já deve ter passado pela experiência de atrair pensamentos *semelhantes* ao ouvir uma canção e depois perceber que não consegue tirá-la da cabeça. Ela não para de tocar em sua mente. Mesmo que não tenha percebido, quando a ouviu você lhe dedicou toda a sua atenção e concentrou todos os seus pensamentos nela. Ao fazer isso, você atraiu mais pensamentos relacionados à canção, então a lei da atração entrou em cena e trouxe mais pensamentos sobre a canção, e assim sucessivamente.

JOHN ASSARAF

O que devemos fazer, como seres humanos, é nos agarrar aos pensamentos sobre aquilo que queremos, deixar perfeitamente claro em nossas mentes o que desejamos e, a partir daí, começar a invocar uma das grandes leis do Universo: a lei da atração. Você se torna aquilo em que mais pensa, mas também atrai para si aquilo em que mais pensa.

A sua vida atual é um reflexo dos seus pensamentos passados. Isso inclui todas as coisas ótimas, e todas as coisas que você não considera tão boas assim. Como você atrai aquilo em que mais pensa, é fácil perceber quais eram seus pensamentos dominantes em cada área da sua vida, pois foi exatamente isso que recebeu de volta. Até agora! Agora, você está aprendendo O Segredo, e esse conhecimento lhe possibilitará mudar tudo.

BOB PROCTOR

Se você vê algo em sua mente, irá segurá-lo nas mãos.

Se você visualizar o que quer em sua mente e fizer disso seu pensamento dominante, você o *trará* para a sua vida.

MIKE DOOLEY

ESCRITOR E PALESTRANTE INTERNACIONAL

E esse princípio pode ser resumido em quatro simples palavras: Pensamentos se tornam realidade!

Por meio desta poderosa lei, seus pensamentos se tornam coisas concretas em sua vida. Seus pensamentos se tornam realidade! Repita essa frase para si mesmo e deixe-a ser absorvida pela sua mente e pela sua consciência. Seus pensamentos se tornam realidade!

JOHN ASSARAF

O que a maioria das pessoas não sabe é que os pensamentos têm uma frequência. É possível medir um pensamento. Então, se você estiver pensando na mesma coisa repetidamente, se estiver imaginando em sua mente que tem um carro novo, o dinheiro de que precisa, que está fundando a empresa que deseja ter ou encontrando a sua alma gêmea... se estiver imaginando como seria isso, está emitindo essa frequência de forma consistente.

DR. JOE VITALE

Seus pensamentos estão enviando o sinal magnético que está atraindo o equivalente a eles para você.

> "O pensamento predominante ou a atitude mental é o ímã, e a lei afirma que semelhante atrai semelhante; assim sendo, qualquer atitude mental invarialmente atrairá as condições que correspondam à sua natureza."
>
> Charles Haanel (1866–1949)

Pensamentos são magnéticos, e eles possuem uma frequência. Ao pensar, você está enviando seus pensamentos ao Universo, e eles atraem magneticamente todas as coisas *semelhantes* que estejam na mesma frequência que eles. Tudo que é enviado retorna à fonte. E essa fonte é Você.

Pense assim: todos sabemos que a antena de transmissão de uma emissora de TV realiza suas transmissões por meio de uma frequência, que é transformada em imagens em nossa televisão. A maioria de nós não entende exatamente como isso funciona, mas sabe que cada canal tem a sua frequência. Quando sintonizamos nosso televisor nela, vemos as imagens no aparelho. Escolhemos a frequência selecionando o canal, e então recebemos as imagens transmitidas por ele. Se quisermos assistir a imagens diferentes em nossa TV, trocamos de canal e sintonizamos uma nova frequência.

Você é uma antena de transmissão *humana*, e é mais poderoso do que qualquer antena já criada na Terra. Você é a antena de transmissão mais poderosa do Universo. Suas transmissões criam a sua vida e o mundo à sua volta. A frequência transmitida por você vai além das fronteiras das cidades, dos países e do mundo. Ela reverbera por todo o Universo. E você está transmitindo essa frequência *com os seus pensamentos*!

As imagens que você recebe da transmissão de seus pensamentos não estão na tela da sua TV; elas são as imagens da sua *vida*! Seus pensamentos criam a frequência, atraem coisas *semelhantes* que estão nessa mesma frequência, e elas então são transmitidas de volta para você na forma dessas imagens. Se quiser mudar qualquer coisa na sua vida, troque de canal e de frequência mudando seus pensamentos.

> "As vibrações das forças mentais são as mais sublimes e, consequentemente, as mais poderosas que existem."
>
> Charles Haanel

Bob Proctor

Visualize a si mesmo vivendo com abundância e você irá atraí-la. Sempre funciona, com qualquer pessoa.

Quando pensa em si mesmo vivendo com abundância, você está determinando de forma poderosa e consciente sua vida por meio da lei da atração. É simples assim. Mas, depois que você faz isso, a pergunta mais óbvia que lhe vem à mente é: "Por que nem todo mundo está vivendo a vida dos seus sonhos?"

Atraia Coisas Boas ao Invés de Coisas Ruins

John Assaraf

Esse é o problema. A maioria das pessoas pensa no que não quer, e depois se pergunta por que recebe sempre aquilo.

As pessoas não conseguem o que querem pelo simples motivo de que elas pensam mais no que *não* querem do que naquilo que *querem*. Ouça os seus pensamentos e as palavras que você diz. A lei é incontornável e infalível.

Há séculos somos assolados por uma epidemia pior do que qualquer praga que a humanidade já tenha enfrentado. É a epidemia do "não quero". As pessoas mantêm essa epidemia viva quando pensam, falam, agem e se concentram predominantemente no que "não querem". Mas esta é a geração que mudará a história, pois estamos recebendo o conhecimento que pode nos livrar dessa epidemia! Tudo começa com você, que pode se tornar um pioneiro desta nova corrente de pensamento simplesmente pensando e falando sobre as coisas que você de fato deseja.

Bob Doyle

A lei da atração não se importa se você percebe algo como bom ou ruim, ou se você o quer ou não. Ela responde aos seus pensamentos. Então, se você estiver se sentindo péssimo por estar diante de uma montanha de dívidas, esse é o sinal que irá transmitir para o Universo. "Estou me sentindo muito mal em relação a todas essas dívidas." Esta é uma afirmação que você faz a si mesmo. Você a sente em todos os níveis do seu ser. De modo que é isso que continuará recebendo.

A lei da atração é uma lei da natureza. Ela é impessoal e não diferencia coisas boas de coisas ruins. Ela recebe seus pensamentos e os reflete de volta para você na forma de sua experiência de vida. A lei da atração simplesmente lhe dá qualquer coisa em que você estiver pensando.

Lisa Nichols

Escritora e defensora da capacitação pessoal

A lei da atração é muito obediente. Quando você pensa nas coisas que quer, e se concentra nelas com todas as suas forças, então a lei da atração lhe dará exatamente o que você deseja, todas as vezes. Quando se concentra nas coisas que não quer – "não quero me atrasar, não quero me atrasar" –, a lei da atração não ouve que você não quer isso. Ela espelha aquilo em que você estava pensando, de modo que é isso que irá se manifestar repetidas vezes. A lei da atração não é influenciada pelo que você quer ou não quer. Quando se concentra em algo, não importa o que seja, você está realmente trazendo essa coisa para a realidade.

Quando você concentra seus pensamentos em algo que quer, e se mantém focado nessa coisa, você está usando a força mais poderosa do Universo para invocar o que deseja. A lei da atração não registra "não", "não quero", ou qualquer outra forma de negação. Quando você se expressa de forma negativa, o que a lei da atração recebe é o seguinte:

"Não quero derramar nada nesta roupa."
"Quero derramar algo nesta roupa e continuar derramando outras coisas nela."

"Não quero que meu corte de cabelo fique ruim."
"Quero que todos os meus cortes de cabelo fiquem ruins."

"Não quero me atrasar."
"Quero me atrasar."

"Não quero que tal pessoa seja grossa comigo."
"Quero que tal pessoa seja grossa comigo."

"Não quero que o restaurante dê nossa mesa para outro cliente."
"Quero que o restaurante dê nossa mesa para outro cliente."

"Não quero que esses sapatos machuquem."

"Quero que meus sapatos machuquem."

"Não consigo dar conta de tanto trabalho."

"Quero mais trabalho do que consigo dar conta."

"Não quero ficar gripado."

"Quero ficar gripado e pegar outras doenças."

"Não quero mais discussões."

"Quero mais discussões."

"Não fale assim comigo."

"Quero que você e outras pessoas falem assim comigo."

A lei da atração lhe dá aquilo em que você estiver pensando – e ponto final!

Bob Proctor

A lei da atração está sempre em funcionamento, quer você acredite nela ou não, e quer você a compreenda ou não.

A lei da atração é a lei da criação. A física quântica afirma que o pensamento é responsável pela criação de todo o Universo. Você cria a sua vida por meio dos seus pensamentos e da lei da atração, e cada pessoa no mundo faz o mesmo. Não é algo que funcione apenas se você tiver consciência disso. Mas sim algo que sempre esteve em ação em sua vida e na vida de todas as pessoas ao longo da história. Quando você toma *consciência* dessa grande lei, você toma *consciência* do quanto é incrivelmente poderoso, de como seus PENSAMENTOS são capazes de criar a sua vida.

Lisa Nichols

Se você está pensando, isso quer dizer que a lei da atração está em funcionamento. Sempre que seus pensamentos estão fluindo, ela está em ação. Quando você está pensando no passado, a lei da atração está em funcionamento. Quando está pensando no presente e no futuro, a lei da atração está em funcionamento. É um processo contínuo. Não há botão para pausá-lo ou interrompê-lo. Ele está sempre em ação, da mesma forma que os seus pensamentos.

Quer percebamos, quer não, estamos pensando a maior parte do tempo. Quando está falando ou ouvindo alguém falar, você está pensando. Quando está lendo o jornal ou assistindo à TV, você está pensando. Quando relembra o passado, você está pensando. Quando está cogitando uma possibilidade futura, você está pensando. Quando está dirigindo, você está pensando. Quando está se arrumando pela manhã, você está pensando. Para a maioria de nós, o único momento em que não estamos pensando é quando estamos dormindo; mesmo assim, as forças da atração continuam operando nos últimos pensamentos que temos antes de adormecer. Transforme seus últimos pensamentos antes de dormir em bons pensamentos.

Michael Bernard Beckwith

A criação está sempre acontecendo. Sempre que um indivíduo tem um pensamento, ou uma maneira de pensar que se prolonga de forma crônica, ele está envolvido em um processo de criação. Algo irá se manifestar por meio desses pensamentos.

O que você está pensando agora está criando a sua vida futura. Você cria sua vida com seus pensamentos. Como está sempre pensando, você está sempre criando. Aquilo em que mais pensa, ou aquilo em que mais se concentra, é o que irá se manifestar como a sua vida.

Como todas as leis da natureza, essa lei é absolutamente perfeita. Você cria a sua vida. Você colhe o que semeia! Seus pensamentos são as sementes, e a sua colheita dependerá do tipo de sementes que você planta.

Se estiver se queixando, a lei da atração irá trazer à sua vida mais situações sobre as quais se queixar. Se estiver ouvindo outra pessoa se queixar e se concentrar nisso, simpatizando com ela, concordando com ela, estará atraindo para si mais situações sobre as quais se queixar.

A lei simplesmente reflete e lhe traz de volta exatamente aquilo em que você estiver concentrando seus pensamentos. Esse conhecimento poderoso possibilita que você mude totalmente cada circunstância e acontecimento na sua vida ao mudar a sua maneira de pensar.

BILL HARRIS

MESTRE E FUNDADOR DO INSTITUTO DE PESQUISA CENTERPOINTE

Em um dos cursos on-line que ofereço, e que permite acesso a mim por e-mail, tive um aluno chamado Robert.

Robert era gay. Nos e-mails que me enviava, ele falava sobre como sua vida, em vários aspectos, era terrível. No trabalho, seus colegas se juntavam para atormentá-lo. A crueldade deles o deixava constantemente estressado. Quando andava pela rua, ele era alvo de ataques e ofensas homofóbicas. Robert queria se tornar um comediante stand-up, mas, durante suas apresentações, a plateia zombava por ele ser gay. Sua vida era um poço de infelicidade e angústia, e tudo girava em torno do fato de ele ser atacado por conta de sua orientação sexual.

Comecei a mostrar a Robert que ele estava se concentrando naquilo que não queria. Pedi para ele voltar ao e-mail que havia me enviado e disse: "Releia a mensagem. Veja quantas coisas que não quer que aconteça você está me relatando. Percebo que essa é uma questão que lhe causa muito furor, e quando nos concentramos em qualquer coisa com tanto furor assim, fazemos com que ela aconteça ainda mais rápido!

Então ele começou a levar a sério a ideia de se concentrar no que você quer, e passou a se dedicar a isso com afinco. O que aconteceu com Robert em um período de seis a oito semanas foi um verdadeiro milagre. As pessoas que costumavam atormentá-lo no trabalho foram transferidas para outro departamento, abandonaram a empresa ou começaram a simplesmente deixá-lo em paz. Ele passou a adorar seu emprego. Quando andava pela rua, ninguém mais o atacava ou ofendia. Era como se essas pessoas tivessem desaparecido. Em suas apresentações como comediante, não só deixou de ser hostilizado, como passou a ser aplaudido de pé.

Toda a sua vida mudou porque ele deixou de se concentrar no que não queria, no que lhe causava medo e no que queria evitar para se concentrar no que queria de fato.

A vida de Robert mudou porque ele mudou seus pensamentos. Ele emitiu uma frequência diferente para o Universo. Portanto, o Universo deve *obrigatoriamente* transmitir as imagens desta nova frequência, por mais impossível que a situação possa parecer. Os novos pensamentos de Robert se tornaram sua nova frequência, e as imagens de toda a sua vida foram mudadas.

A sua vida está nas suas mãos. Não importa onde você esteja agora, não importa o que tenha lhe acontecido, você pode começar a escolher conscientemente os seus pensamentos, e pode mudar a sua vida. Não existem problemas sem solução. Você pode mudar toda e qualquer circunstância da sua vida!

O Poder da Sua Mente

MICHAEL BERNARD BECKWITH

Você atrai os pensamentos que predominam em sua mente, esteja você consciente deles ou não. Esse é o xis da questão.

Mesmo que você não tenha estado consciente dos seus pensamentos no passado, *agora* você está tomando consciência deles. Neste instante, ao obter o conhecimento do Segredo, você está despertando de um sono profundo e tornando-se consciente! Consciente do conhecimento, da lei e do poder dos seus pensamentos.

Dr. John Demartini

Se você observar bem, O Segredo, o poder da nossa mente e o poder da nossa força de vontade estão sempre à nossa volta. Tudo o que precisamos fazer é abrir os olhos para vê-los.

Lisa Nichols

A lei da atração pode ser observada em toda parte. Você atrai tudo para si mesmo. As pessoas da sua vida, seu emprego, suas circunstâncias, sua saúde, sua riqueza, suas dívidas, a alegria, o carro que dirige, a comunidade da qual faz parte. Foi você quem atraiu tudo isso, como um ímã. O que você traz para os seus pensamentos, traz para si. Toda a sua vida é uma manifestação do que passa pela sua cabeça na forma de pensamento.

O nosso Universo é um Universo de inclusão, não de exclusão. Nada está excluído da lei da atração. A sua vida é um espelho dos pensamentos dominantes em sua mente. A lei da atração se aplica a todos os seres vivos deste planeta. No caso dos humanos, a diferença é que nós temos uma mente capaz de discernimento. Usamos nosso livre-arbítrio para *escolher* nossos pensamentos. Temos o poder de pensar e criar intencionalmente toda a nossa vida com a nossa mente.

Dr. Fred Alan Wolf

Físico quântico, palestrante e escritor premiado

O que eu digo não tem nada de fantasioso ou delirante. Trata-se de um nível mais profundo e fundamental de entendimento. A física quântica tem realmente começado a apontar na direção desta descoberta. Ela diz que não é possível haver um Universo sem a presença da mente, e que essa mente está na verdade formando aquilo que está sendo observado por ela.

Se você pensar na analogia de que somos a antena de transmissão mais poderosa do Universo, perceberá a correlação perfeita entre ela e as palavras do Dr. Wolf. A sua mente produz pensamentos e as imagens resultantes são transmitidas de volta para você como suas experiências de vida. Você não só cria sua vida com os seus pensamentos, como seus pensamentos são fundamentais para a criação do mundo. Se você achava que era insignificante e não tinha poder neste planeta, está muito enganado. A sua mente está na verdade *formando* o mundo à sua volta.

O trabalho e as descobertas impressionantes dos físicos quânticos ao longo dos últimos 80 anos nos trouxeram uma maior compreensão do incomensurável poder de criação da mente humana. O trabalho desses cientistas encontra paralelo nas palavras dos maiores gênios do mundo, como Carnegie, Emerson, Shakespeare, Francis Bacon, Krishna e Buda.

Bob Proctor

Se você não compreende a lei, isso não significa que deva rejeitá-la. Você pode não compreender a eletricidade, mas não deixa de aproveitar seus benefícios. Eu não sei como ela funciona. Mas de uma coisa eu sei: você pode usar a eletricidade para fritar um bife, mas ela também pode fritar você!

Michael Bernard Beckwith

Muitas vezes, quando começam a compreender o Grande Segredo, as pessoas se assustam ao perceber quantos pensamentos negativos carregam em suas cabeças. Elas precisam saber que foi cientificamente provado que um pensamento positivo é centenas de vezes mais poderoso do que um pensamento negativo. Só isso já elimina uma boa parcela de preocupação.

Você precisa mesmo ter muitos pensamentos negativos e persistir neles para trazer algo de negativo para a sua vida. No entanto, se você insistir nesses pensamentos negativos por um certo tempo, eles *irão* se manifestar em sua vida. Se você ficar preocupado com o fato de estar tendo pensamentos negativos, atrairá mais preocupação sobre eles, isso sem falar que irá multiplicá-los. Decida agora mesmo que terá apenas bons pensamentos. Ao mesmo tempo, proclame ao Universo que todos os seus bons pensamentos são poderosos e que todo e qualquer pensamento negativo é fraco.

Lisa Nichols

Graças a Deus existe um tempo de espera e seus pensamentos não se tornam todos realidade ao mesmo tempo. Estaríamos encrencados se fosse de outra forma. O tempo de espera é bom para você. Ele permite que você reavalie seus pensamentos, reflita sobre o que quer e faça uma nova escolha.

O poder de criar sua vida está totalmente à sua disposição agora mesmo, pois é agora que você está pensando. Se você teve pensamentos que não serão benéficos quando se manifestarem, pode mudá-los agora. Você pode apagar seus pensamentos anteriores, substituindo-os por bons pensamentos. O tempo está do seu lado, pois você pode ter novos pensamentos e enviar uma nova frequência *agora mesmo*!

DR. JOE VITALE

Você deve tomar consciência dos seus pensamentos, escolhê-los com atenção e se divertir com o processo, pois você é a obra-prima da sua própria vida. Você é o Michelangelo da sua própria vida. O Davi que está esculpindo sua realidade é você mesmo.

Uma das maneiras de dominar sua mente é aprender a silenciá-la. Sem exceção, todos os mestres deste livro praticam diariamente a meditação. Somente após descobrir O Segredo é que eu percebi quanto a meditação pode ser poderosa. Ela silencia sua mente, ajuda você a controlar seus pensamentos e revitaliza seu corpo. A boa notícia é que você não precisa dedicar horas do seu dia à meditação. Para começar, apenas de três a dez minutos diários já o ajudarão muito a controlar os seus pensamentos.

Para tomar *consciência* dos seus pensamentos, você também pode ter a seguinte intenção: "Eu sou o mestre dos meus pensamentos." Diga isso com frequência e medite sobre a questão. Se você se mantiver firme nessa intenção, pela lei da atração é isso que você deve se tornar.

Agora, você está recebendo o conhecimento que o habilitará a criar a versão mais extraordinária de Você mesmo. A possibilidade dessa versão já existe na frequência da "versão mais extraordinária de Você mesmo". Decida o que você quer ser, fazer e ter, tenha esses pensamentos, emita a frequência e a sua visão se tornará a sua vida.

Resumindo O Segredo

- *O Grande Segredo da Vida é a lei da atração.*
- *A lei da atração afirma que semelhante atrai semelhante, então, quando você tem um pensamento, também está atraindo pensamentos semelhantes para si.*
- *Pensamentos são magnéticos e atuam em uma determinada frequência. Ao pensá-los, você os envia para o Universo, e eles atraem magneticamente todas as coisas semelhantes que estão na mesma frequência. Tudo que é enviado retorna à fonte – você.*
- *Você é como uma antena de transmissão humana, que transmite uma frequência com seus pensamentos. Se quiser mudar qualquer coisa na sua vida, troque a frequência mudando os seus pensamentos.*
- *Seus pensamentos atuais estão criando sua vida futura. Aquilo em que você mais pensa ou se concentra irá se manifestar como a sua vida.*
- *Seus pensamentos se tornam coisas.*

Simplificando O Segredo

MICHAEL BERNARD BECKWITH

Nós vivemos em um Universo regido por leis, como a lei da gravidade. Se você cair do alto de um prédio, não importa se é uma pessoa boa ou ruim, você vai se esborrachar no chão.

A lei da atração é uma lei da natureza. Ela é tão imparcial e impessoal quanto a lei da gravidade. Ela é precisa e exata.

DR. JOE VITALE

Tudo o que está presente em sua vida neste momento, inclusive as coisas sobre as quais você se queixa, foram atraídas por você. Entendo que, em um primeiro instante, isso é algo que você não vai gostar de ouvir. Sua reação imediata será dizer: "Eu não atraí o acidente de carro que sofri. Não atraí esse cliente que está dificultando a minha vida. Não atraí as minhas dívidas." Mas eu estou aqui para insistir que, sim, você atraiu tudo isso. Este é um dos conceitos mais difíceis de assimilar, mas, assim que você o aceita, ele transforma sua vida.

Geralmente, quando as pessoas ouvem esta parte do Segredo, elas se lembram de acontecimentos históricos em que uma quantidade enorme de vidas foi perdida, e acham incompreensível que tantas pessoas possam ter atraído tal acontecimento para si. Pela lei da atração, elas deveriam ter estado na mesma frequência que o evento. Isso não significa necessariamente que elas pensaram na tragédia em si, mas que seus pensamentos estavam na mesma frequência dela. Se elas acreditarem que estão no lugar errado, na hora errada, e que não têm controle sobre as circunstâncias externas, esses pensamentos de medo, desamparo e impotência, se forem persistentes, podem atraí-las para o lugar errado, na hora errada.

Você pode fazer uma escolha agora mesmo. Deseja acreditar que a vida é apenas uma questão de sorte e que coisas ruins podem acontecer com você a qualquer momento? Quer acreditar que pode estar no lugar errado, na hora errada? Que não tem controle sobre o que acontece ao seu redor?

Ou quer acreditar e *saber* que a sua experiência de vida está nas suas mãos e apenas coisas *boas* podem ser atraídas para a sua vida porque essa é a sua maneira de pensar? Você tem uma escolha, e aquilo em que escolher pensar se *tornará* a sua experiência de vida.

Nada pode fazer parte da sua experiência a não ser que você evoque essa coisa ao pensar de forma persistente nela.

Bob Doyle

A maioria de nós possui um padrão fixo de atração. Simplesmente achamos que não temos nenhum controle sobre esse processo. Nossos pensamentos e sentimentos estão no piloto automático, então tudo nos é trazido dentro desse mesmo padrão.

Ninguém jamais atrairia algo que não quer de propósito. É fácil ver como, sem o conhecimento do Segredo, algumas coisas indesejadas podem ter acontecido na sua vida ou na de outras pessoas. É uma simples questão de falta de consciência do grande poder de criação dos seus pensamentos.

Dr. Joe Vitale

Bem, se essa é a primeira vez que está ouvindo isto, você talvez esteja pensando: "Ora, tenho que ficar monitorando meus pensamentos? Isso vai dar um baita trabalho." Pode parecer que sim no começo, mas é aí que começa a ficar divertido.

A diversão é que há muitos atalhos para O Segredo, e você pode escolher qual funciona melhor para você. Continue lendo e verá como.

Marci Shimoff

Escritora, palestrante internacional e líder transformacional

É impossível monitorar cada pensamento que temos. Pesquisas revelam que temos cerca de 60 mil pensamentos por dia. Já imaginou como você ficaria exausto se tentasse controlar cada um deles? Felizmente, existe uma maneira mais simples: através dos nossos sentimentos. Nossos sentimentos nos revelam aquilo em que estamos pensando.

É preciso salientar a importância dos sentimentos. Os seus sentimentos são a melhor ferramenta que você possui para ajudá-lo a criar sua vida. O pensamento é a causa primária de tudo. Todo o resto que você vê e experimenta no mundo é o efeito, e isso inclui os seus sentimentos. A causa é sempre o pensamento.

Bob Doyle

As emoções são uma dádiva incrível que nos permite saber no que estamos pensando.

Seus sentimentos lhe dizem rapidamente em que você está pensando. Lembre-se das vezes em que ficou arrasado de repente – quando recebeu uma má notícia, por exemplo. A sensação no seu estômago e no seu peito foi instantânea. Portanto, seus sentimentos são um sinal imediato que revelam quais são os seus pensamentos.

A ideia é que você fique mais *consciente* de como está se sentindo e entre em sintonia com os seus sentimentos, pois essa é a maneira mais rápida de saber no que está pensando.

Lisa Nichols

Você tem dois tipos de sentimentos: os bons e os ruins. E pode reconhecer a diferença entre eles porque um faz você se sentir bem, e o outro faz você se sentir mal. Depressão, raiva, ressentimento, culpa. Estes são sentimentos que não trazem força para a sua vida. São sentimentos ruins.

Ninguém pode saber se você está se sentindo bem ou mal, porque, seja qual for o momento, você é a única pessoa que sabe como está se sentindo. Se não tiver certeza do seu estado emocional, apenas pergunte a si mesmo: "Como estou me sentindo?" Você pode parar e se fazer essa pergunta várias vezes ao dia, e isso o ajudará a tomar mais *consciência* dos seus sentimentos.

O mais importante é que você saiba que é impossível se sentir mal e ter bons pensamentos ao mesmo tempo. Isso contrariaria a lei, pois seus pensamentos são a causa dos seus sentimentos. Se estiver se sentindo mal, é porque está tendo pensamentos que estão *fazendo* você se sentir mal.

Seus pensamentos determinam a sua frequência, e seus sentimentos lhe dizem imediatamente qual é ela. Quando está se sentindo mal, você está sintonizado na frequência que atrai mais coisas ruins. A lei da atração deve *obrigatoriamente* responder, transmitindo de volta mais imagens de coisas ruins e coisas que farão você se sentir mal.

Quando você não está bem e não faz nenhum esforço para mudar seus pensamentos e se sentir melhor, é como se estivesse dizendo: "Pode continuar mandando situações que farão com que eu me sinta mal. Não pare!"

LISA NICHOLS

O outro lado da moeda é que você já possui boas emoções e bons sentimentos. Você sabe quando os tem porque eles fazem com que se sinta bem. Entusiasmo, alegria, gratidão, amor. Imagine se pudéssemos nos sentir assim todos os dias.

Quando celebra os bons sentimentos, você atrai mais bons sentimentos e coisas que o farão se sentir bem.

Bob Doyle

É muito simples, na verdade. "O que estou atraindo agora?" Então, como está se sentindo? "Eu me sinto bem." Ótimo, continue assim.

É impossível se sentir bem e ter pensamentos negativos ao mesmo tempo. Se você se sente bem, é porque está tendo bons pensamentos. Sim, você pode ter tudo o quiser na vida, não há limites. A única exigência é: você precisa se sentir bem. E, se parar para pensar, isso não é tudo que você deseja? A lei é mesmo perfeita.

Marci Shimoff

Se você estiver se sentindo bem, então está criando um futuro que está em sintonia com os seus desejos. Se estiver se sentindo mal, está criando um futuro fora de sintonia com os seus desejos. A lei da atração funciona durante cada segundo do seu dia. Tudo o que pensamos e sentimos está criando o nosso futuro. Se você estiver aflito ou com medo, então está trazendo mais disso para a sua vida ao longo do seu dia.

Quando você está se sentindo bem, só pode estar tendo bons pensamentos. Portanto, está no caminho certo e emitindo uma frequência poderosa que atrairá de volta para você mais coisas boas que o farão se sentir bem. Aproveite os momentos em que estiver se sentindo bem e explore-os ao máximo. Esteja consciente de que, quando se sente bem, você atrai mais coisas boas para si.

Vamos dar um passo além. E se os sentimentos forem, na verdade, um comunicado do *Universo* para informá-lo sobre o que você está pensando?

JACK CANFIELD

Nossos sentimentos são um mecanismo de feedback que nos permite saber se estamos no caminho certo ou não, se saímos dos trilhos ou continuamos neles.

Lembre-se de que seus pensamentos são a causa primária de tudo. Então, quando você pensa em algo de forma prolongada, esse pensamento é enviado de imediato para o Universo. O pensamento se prende magneticamente à frequência *semelhante* à dele, então, em questão de segundos, envia a leitura dessa frequência de volta para você através dos seus sentimentos. Em outras palavras, os seus sentimentos são comunicações que você recebe do Universo para lhe dizer em qual frequência você está no momento. *Os seus sentimentos são o seu mecanismo de feedback da frequência!*

Quando está tendo bons sentimentos, esse é um comunicado do Universo que diz: "Você está tendo bons pensamentos." Da mesma forma, quando está se sentindo mal, você está recebendo um comunicado do Universo que diz: "Você está tendo maus pensamentos."

Então, quando você está se sentindo mal, esse é um comunicado do Universo que na verdade está dizendo: "Alerta! Mude seus pensamentos agora. Frequência negativa registrada. Mude a frequência. Contagem regressiva para manifestação. Alerta!"

Da próxima vez que estiver se sentindo mal ou tendo alguma emoção negativa, ouça o sinal que está recebendo do Universo. Nesse momento, você está *bloqueando* o acesso das coisas boas por estar em uma frequência negativa. Mude seus pensamentos e pense em algo bom. Quando começar a se sentir bem novamente, você *saberá*, pois Você alterou sua frequência e o Universo confirmou essa mudança com sentimentos melhores.

BOB DOYLE

Você está recebendo exatamente o que está sentindo, mais até do que aquilo em que está pensando.

É por isso que, quando as pessoas começam a manhã dando uma topada no pé da cama, daí para a frente as coisas só pioram. O dia inteiro vai ladeira abaixo. Elas não fazem ideia que uma simples mudança em suas emoções pode mudar todo o seu dia – e toda a sua vida.

Se você já começar o dia bem e estiver se sentindo particularmente feliz, desde que não permita que nada mude o seu humor, você continuará a atrair, de acordo com a lei da atração, mais situações e pessoas que sustentarão essa sensação de felicidade.

Todos já passamos por dias ou épocas em que uma coisa atrás da outra parece dar errado. Essa reação em cadeia começa com *um* pensamento, quer você esteja consciente dele ou não. O mau pensamento atraiu outros maus pensamentos, a frequência foi estabelecida e, algum tempo depois, algo deu errado. Ao reagir a essa coisa que deu errado, você atraiu mais coisas que também deram errado. Essas reações simplesmente atraem mais do mesmo, e a reação em cadeia deve continuar ocorrendo até você sair dessa frequência, modificando de forma intencional seus pensamentos.

Você pode mudar seus pensamentos para aquilo que deseja, receber a confirmação de que alternou sua frequência por meio dos seus sentimentos, e então a lei da atração irá captar essa nova frequência e enviá-la de volta para você na forma das novas imagens da sua vida.

Essa é a sua chance de assumir o comando dos seus sentimentos e usá-los para impulsionar o que quer para a sua vida.

Você pode usar seus sentimentos para transmitir uma frequência ainda mais poderosa, acrescentando *emoção* ao que deseja.

MICHAEL BERNARD BECKWITH

Você pode começar a se sentir saudável agora mesmo. Pode começar a se sentir próspero. Pode começar a se sentir cercado de amor, mesmo que ele não esteja presente. E o resultado é que o Universo irá corresponder à natureza da frequência que você está emitindo. O Universo irá corresponder à natureza desse sentimento profundo e manifestá-lo, pois é este o seu estado de espírito.

Então, como você está se sentindo agora? Reserve alguns momentos para pensar sobre o seu estado de espírito. Se não estiver se sentindo tão bem quanto gostaria, concentre-se em *sentir* suas emoções e faça um esforço consciente para melhorá-las. Quando se concentra profundamente em suas emoções, com a intenção de levantar o seu ânimo, você pode elevá-las de forma poderosa. Uma maneira de fazer isso é fechar os olhos (para se isolar de qualquer distração), se concentrar nos seus sentimentos e sorrir durante um minuto.

LISA NICHOLS

Seus pensamentos e sentimentos criam a sua vida. Sempre vai ser assim. É garantido!

Assim como a lei da gravidade, a lei da atração nunca falha. Você não vê porcos voando porque a lei da gravidade se enganou e esqueceu de se aplicar aos porcos naquele dia. Da mesma forma, não há exceções para a lei da atração. Se algo veio até você, é porque você o atraiu com pensamentos prolongados. A lei da atração é precisa.

MICHAEL BERNARD BECKWITH

É difícil de engolir, mas, quando começamos a nos abrir para esse conceito, as ramificações são incríveis. Significa que qualquer coisa que seus pensamentos tenham causado em sua vida pode ser modificada por meio de uma mudança de consciência.

Você tem o poder de mudar qualquer coisa, pois é você quem escolhe seus pensamentos e sente suas emoções.

> "Você cria o seu próprio universo à medida que avança."
>
> Winston Churchill

DR. JOE VITALE

É muito importante que você se sinta bem, pois este sentir-se bem é o que é transmitido como sinal para o Universo e começa a atrair mais dessa sensação para você. Então, quanto mais você se sentir bem, mais irá atrair as coisas que o fazem se sentir bem, e assim sucessivamente.

BOB PROCTOR

Sabia que, quando você está deprimido, pode mudar isso num piscar de olhos? Coloque uma música bonita, ou comece a cantar – isso mudará seu estado de espírito. Ou pense em algo belo. Pense em um bebê ou em alguém que ama de verdade e se concentre nesses pensamentos. Mantenha-os em sua mente. Bloqueie qualquer coisa que não seja esses pensamentos. Eu garanto que você começará a se sentir melhor.

Faça uma lista com alguns Modificadores do Segredo para ter debaixo da manga. O que chamo de Modificadores do Segredo são coisas que podem mudar imediatamente seu estado de espírito. Podem ser boas lembranças, uma perspectiva futura, momentos divertidos, a natureza, alguém que você ame, a sua música predileta. Então, se estiver se sentindo irritado, frustrado ou de baixo-astral, consulte sua lista de Modificadores do Segredo e se concentre em um deles. Coisas diferentes irão modificar seu estado de espírito em momentos diferentes, então, se uma delas não funcionar, tente a próxima. Você só precisa de no máximo dois minutos para mudar de foco e alterar seu estado de espírito e sua frequência.

Amor: A Maior Emoção de Todas

JAMES RAY

FILÓSOFO, PALESTRANTE, ESCRITOR E CRIADOR DE PROGRAMAS DE PROSPERIDADE E DESENVOLVIMENTO PESSOAL

O princípio de se sentir bem se aplica aos seus animais de estimação, por exemplo. Animais são maravilhosos, pois eles o colocam em um ótimo estado de espírito. Quando você sente amor por seu bichinho, esse estado de amor trará coisas boas para a sua vida. E este é um presente extraordinário.

"É a combinação de pensamentos e amor que cria a força irresistível da lei da atração."

Charles Haanel

Não há poder maior no Universo do que o poder do amor. A emoção do amor é a frequência mais sublime que você pode emitir. Se você for capaz de envolver tudo em amor, se for capaz de amar tudo e todos, a sua vida será transformada.

Na verdade, alguns dos maiores pensadores do passado se referiam à lei da atração como a lei do amor. E, se você parar para pensar, irá entender por quê. Se você tiver pensamentos rancorosos a respeito de alguém, *você* será o alvo da manifestação desses pensamentos rancorosos. A única pessoa que pode ferir com seus pensamentos é Você mesmo. Se o amor dominar seus pensamentos, adivinhe quem vai receber os benefícios disso? Você! Então, se você se encontra predominantemente em um estado de amor, a lei da atração ou do amor responde da forma mais poderosa que existe, pois você está na frequência mais sublime possível. Quanto maior for o amor que você sente e irradia, maior será o poder que irá canalizar para si.

> "O princípio que confere ao pensamento o poder dinâmico de se correlacionar com seu objeto, e, portanto, assumir o controle de cada experiência humana adversa, é a lei da atração, que é outro nome que damos ao amor. Este é um princípio fundamental e eterno, inerente a todas as coisas, a qualquer sistema filosófico, a qualquer Religião e a qualquer Ciência. A lei do amor é incontornável. É a emoção que concede vitalidade ao pensamento. Emoção é desejo, e desejo é amor. O pensamento, quando impregnado de amor, se torna invencível."
>
> *Charles Haanel*

Marci Shimoff

É quando começa a compreender e dominar de verdade seus pensamentos e emoções que você percebe como pode criar a sua própria realidade. É aí que mora a sua liberdade, é aí que mora todo o seu poder.

Marci Shimoff compartilhou uma citação maravilhosa do grande Albert Einstein: "A pergunta mais importante que qualquer ser humano pode fazer a si mesmo é: 'O Universo em que vivemos é amigável?'"

Conhecendo a lei da atração, a única resposta possível é: "Sim, o Universo em que vivemos é amigável." Por quê? Porque, quando você responde dessa maneira, pela lei da atração essa deve ser obrigatoriamente a sua experiência. Albert Einstein propôs essa grande questão porque ele conhecia O Segredo. Ele sabia que, ao fazer esta pergunta, nos obrigaria a refletir sobre ela e a fazer uma escolha. Pelo simples fato de ter levantado esse questionamento, ele nos deu uma excelente oportunidade.

Se quiser levar a intenção de Einstein ainda mais além, você pode afirmar e proclamar: "Este é um Universo magnífico. O Universo está trazendo todas as coisas boas que recebo em minha vida. O Universo está conspirando a meu favor em todas as coisas. O Universo me apoia em tudo o que faço. O Universo supre todas as minhas necessidades imediatamente." *Saiba* que o Universo em que vivemos é amigável!

JACK CANFIELD

Desde que aprendi O Segredo e comecei a aplicá-lo à minha vida, ela se tornou verdadeiramente mágica. Acredito que o tipo de vida que todos sonham ter é como a que vivo dia após dia. Moro em uma mansão de quatro milhões e meio de dólares. Tenho uma esposa maravilhosa. Passo minhas férias nos lugares mais fabulosos do planeta.

Já escalei montanhas. Viajei o mundo. Fiz safáris. E tudo isso aconteceu, e continua a acontecer, graças ao conhecimento sobre como aplicar O Segredo.

Bob Proctor

A vida pode ser absolutamente fenomenal, e deveria ser, e será, quando você começar a usar O Segredo.

Esta é a *sua* vida, e ela tem esperado que você descubra isso! Até agora, você talvez tenha pensado que a vida é dura e difícil, portanto, pela lei da atração, tem experimentado a vida dessa forma, como algo duro e difícil. Comece neste exato momento a exclamar para o Universo: "A vida é tão fácil! A vida é tão boa! Recebo apenas coisas boas dela!"

Existe uma verdade bem no fundo de você que tem esperado para ser descoberta, e essa Verdade é a seguinte: *você merece tudo de bom que a vida tem a oferecer.* Você já sabe disso naturalmente, pois se sente muito mal quando sofre de uma escassez de coisas boas. Todas as coisas boas são seu direito de nascença! Você é o seu próprio criador, e a lei da atração é uma ferramenta maravilhosa para criar tudo o que você quiser na sua vida. Bem-vindo à magia da vida, e à grandeza de ser Você!

Resumindo O Segredo

- *A lei da atração é uma lei da natureza. Ela é tão imparcial quanto a lei da gravidade.*

- *Nada pode fazer parte da sua experiência a não ser que você evoque essa coisa ao pensar de forma persistente nela.*

- *Se quiser saber no que está pensando, pergunte a si mesmo como está se sentindo. As emoções são ferramentas valiosas que nos dizem instantaneamente no que estamos pensando.*

- *É impossível se sentir mal e ter bons pensamentos ao mesmo tempo.*

- *Seus pensamentos determinam a sua frequência, e seus sentimentos lhe dizem de imediato em que frequência você está. Quando se sente mal, você está na frequência que atrai mais coisas ruins. Quando se sente bem, está atraindo com toda a força mais coisas boas para si.*

- *Modificadores do Segredo, como boas lembranças, a natureza ou sua canção predileta, podem mudar seu estado de espírito e alterar sua frequência em questão de instantes.*

- *O sentimento do amor é a frequência mais sublime que você pode emitir. Quanto maior for o amor que você sente e irradia, maior será o poder que irá canalizar para si.*

Usando O Segredo

Você é um criador, e existe um processo fácil para criar usando a lei da atração. Os maiores mestres e avatares do mundo compartilharam conosco o Processo Criativo por meio de suas extraordinárias obras, de inúmeras maneiras diferentes. Alguns desses grandes mestres criaram histórias para demonstrar como o Universo funciona. A sabedoria contida em suas histórias foi transmitida ao longo dos séculos e se tornou lendária. Muitas das pessoas que vivem hoje em dia não percebem que a essência dessas histórias é a pura verdade da vida.

JAMES RAY

Se você pensar na história de Aladim, ele pega a lâmpada, esfrega-a e o Gênio sai lá de dentro. O Gênio sempre diz a mesma coisa:

"Seu desejo é uma ordem!"

A história diz que eram apenas três os desejos, mas, se você voltar até as origens dela, não há limite algum para o número de coisas que pode pedir.

Pense nisso.

Agora, vamos pegar esta metáfora e aplicá-la à sua vida. Lembre-se que Aladim é quem sempre pede o que quer. Então você tem o Universo como um todo, que é o Gênio. Tradições diferentes o chamaram de várias coisas – seu anjo da guarda sagrado, seu eu superior. Podemos rotulá-lo como quisermos, e você escolhe o que funcionar melhor no seu caso, mas o que cada tradição nos diz é que há algo maior do que nós mesmos. E o Gênio sempre diz a mesma coisa:

"Seu desejo é uma ordem!"

Esta história maravilhosa demonstra como toda a sua vida e tudo o que existe nela foi criado por Você. O Gênio simplesmente obedeceu a cada uma de suas ordens. O Gênio é a lei da atração, e está sempre presente e sempre atento a tudo o que você pensa, fala e faz. O Gênio supõe que tudo aquilo em que você pensa é aquilo que quer! Que tudo o que você fala é aquilo que quer! Que tudo o que você faz é aquilo que quer! Você é o Mestre do Universo, e o Gênio está ali para servi-lo. O Gênio nunca questiona suas ordens. Você pensa e o Gênio imediatamente começa a mobilizar o Universo, por intermédio de pessoas, circunstâncias e acontecimentos, para realizar seu desejo.

O Processo Criativo

O Processo Criativo utilizado no Segredo, que foi retirado do Novo Testamento da Bíblia, é um guia fácil de seguir para você criar o que deseja em três passos simples.

1º Passo: Peça

LISA NICHOLS

O 1º passo é pedir. Dê uma ordem ao Universo. Informe ao Universo qual é o seu desejo. O Universo responde aos seus pensamentos.

BOB PROCTOR

O que você quer de verdade? Sente-se e coloque seus desejos no papel. Escreva no tempo presente. Você poderia começar assim: "Estou muito feliz e grato agora que..." E então explique como quer que sua vida seja, em qualquer área.

Você tem a chance de escolher o que quer, mas deve ser claro quanto aos seus desejos. Este é o seu trabalho. Se não for claro, a lei da atração não poderá lhe trazer o que você quer. Você estará enviando uma frequência contraditória, portanto só conseguirá atrair resultados contraditórios. Talvez pela primeira na vida, decida o que você quer de verdade. Agora que sabe que poder ter, ser ou fazer qualquer coisa, e que não há limites para isso, o que você quer?

Pedir é o primeiro passo do Processo Criativo, então crie o hábito de fazê-lo. Se precisa fazer uma escolha e não sabe qual caminho tomar, peça! Você nunca deve se sentir perdido em nenhum aspecto da sua vida. Simplesmente peça!

DR. JOE VITALE

Isso é muito divertido. É como se o Universo fosse um catálogo. Basta folheá-lo e dizer: "Eu gostaria de ter esta experiência, este produto e uma pessoa como esta na minha vida." Você está fazendo uma encomenda ao Universo. É simples assim.

Você não precisa pedir várias vezes. Uma vez só basta. É exatamente como fazer uma encomenda a partir de um catálogo. Você só precisa pedir uma vez. Você não faz uma encomenda, depois fica em dúvida se ela foi recebida e então repete o processo várias vezes seguidas. Faz uma encomenda só. Com o Processo Criativo é igual. O 1º Passo é simplesmente para deixar claro o que você quer. Assim que isso estiver claro em sua mente, você já terá feito a encomenda.

2º Passo: Acredite

LISA NICHOLS

O 2º Passo é acreditar. Acreditar que o que você pediu já é seu. Ter o que gosto de chamar de fé inabalável. Acreditar no que não pode ser visto.

Você precisa acreditar que já recebeu o que pediu. Precisa saber que o que quer é seu no momento em que você o pede. Precisa ter a mais completa e absoluta fé. Se tivesse feito uma encomenda a partir de um catálogo, não teria dúvidas de que iria receber o que pediu, portanto relaxaria e continuaria tocando a sua vida.

> "Veja as coisas que quer como se elas já fossem suas. Saiba que elas chegarão a você quando você precisar delas. Então deixe-as vir. Não fique aflito ou se preocupe com isso. Não pense sobre como elas lhe fazem falta. Pense nelas como se fossem suas, como se pertencessem a você e já estivessem em seu poder."
>
> Robert Collier (1885–1950)

No momento em que você pede, *acredita* e *sabe* que já possui o que quer no plano invisível, todo o Universo se mobiliza para trazê-lo para o plano visível. Você precisa agir, falar e pensar como se estivesse recebendo o que deseja *agora*. Por quê? O Universo é um espelho, e a lei da atração está refletindo de volta para você seus pensamentos dominantes. Portanto, não faz sentido ver a si mesmo recebendo o que quer? Se seus pensamentos insistirem em notar que você ainda não o recebeu, você continuará atraindo o fato de não ter recebido. Você precisa acreditar que já tem o que quer, que já o recebeu. Precisa emitir a frequência do sentimento de ter recebido o que deseja para atrair essas imagens para sua vida. Quando fizer isso, a lei da atração mobilizará todas as circunstâncias, pessoas e acontecimentos para que você receba aquilo que quer.

Quando você marca uma viagem de férias, encomenda um carro novo ou compra uma casa, você já sabe que essas coisas são suas. Não marca outra viagem de férias para a mesma data nem compra outro carro ou casa. Se você ganha na loteria ou recebe uma herança polpuda, antes mesmo de ter o dinheiro em mãos você sabe que ele é seu. Essa é a sensação de acreditar que algo é seu. Essa é a sensação de acreditar que já recebeu o que quer. Reivindique as coisas que deseja sentindo e acreditando que elas são suas. Quando fizer isso, a lei da atração mobilizará poderosamente todas as circunstâncias, pessoas e acontecimentos para que você as receba.

Como você pode chegar a esse estado em que acredita já possuir o que quer? Comece a fazer de conta. Seja como uma criança e dê asas à sua imaginação. Aja como se já tivesse o que deseja. Enquanto faz de conta, você começará a *acreditar* que já recebeu o que quer. O Gênio está respondendo aos seus pensamentos predominantes a todo momento, não só quando você faz o seu pedido. É por isso que, depois de pedir, você precisa continuar a *acreditar* e *saber*. A ter fé. A crença de que você já tem o que deseja, essa fé inabalável, é o seu maior poder. Quando acreditar que está recebendo o que quer, prepare-se para ver a magia começar!

> "Você pode ter o que quer – se souber como moldá-lo em seus próprios pensamentos. Não há sonho que não possa se tornar realidade se você aprender a usar a Força Criativa que funciona através de você. Os métodos que funcionam para uma pessoa funcionam para todos. A chave para o poder está em usar o que você possui... com liberdade e

plenitude... e então abrir os canais que permitem que mais Força Criativa flua através de você."

Robert Collier

DR. JOE VITALE

O Universo começará a se reorganizar para fazer acontecer o que você quer.

JACK CANFIELD

A maioria de nós nunca se permitiu desejar o que realmente quer, pois não consegue ver como isso irá se manifestar.

BOB PROCTOR

Se você pesquisar um pouco, verá claramente que qualquer pessoa que já tenha conquistado algo na vida não sabia como iria fazer para conseguir o que queria. Elas sabiam apenas que iriam conseguir.

DR. JOE VITALE

Você não precisa saber como vai acontecer. Não precisa saber como o Universo irá se reorganizar.

Como irá acontecer, *como* o Universo lhe trará o que você quer não é preocupação sua ou seu trabalho. Permita que o Universo faça isso por você. Quando está tentando descobrir *como* irá acontecer, você está emitindo uma frequência que contém falta de fé – que mostra que você não acredita que já tem o que quer nas mãos. Você pensa que *você* precisa fazer isso e não acredita que o Universo o fará *para* você. O *como* não compete a você no Processo Criativo.

BOB PROCTOR

Não cabe a você saber o como; ele lhe será mostrado. Você o atrairá para si.

LISA NICHOLS

Geralmente ficamos frustrados quando não vemos as coisas que pedimos. Ficamos desapontados. E começamos a ter dúvidas. A dúvida gera um sentimento de decepção. Pegue essa dúvida e transforme-a em outra coisa. Reconheça esse sentimento e substitua-o por um sentimento de fé inabalável. "Eu sei que o que quero está a caminho."

3º Passo: Receba

LISA NICHOLS

O 3º Passo, o último do processo, é receber. Comece a se sentir maravilhosamente bem quanto a isso. Sinta-se da maneira como irá se sentir assim que receber o que quer. Sinta-se assim agora.

MARCI SHIMOFF

E durante este processo é importante que você se sinta bem e feliz, pois quando está se sentindo bem você está se colocando na frequência daquilo que quer.

MICHAEL BERNARD BECKWITH

Este é um Universo de sentimentos. Se você acredita em algo apenas no plano intelectual, mas não possui nenhum sentimento subjacente a essa crença, você não tem necessariamente poder suficiente para manifestar o que quer na sua vida. É preciso sentir.

Peça uma vez, acredite que já recebeu e tudo o que precisa fazer é se sentir bem. Quando está se sentindo bem, você está na frequência certa para receber. Está na frequência de todas as coisas boas que estão vindo em sua direção, e receberá o que pediu. Você não pediria nada que não fosse fazer você se sentir bem ao recebê-lo, certo? Então entre na frequência de sentir-se bem e você receberá.

Uma maneira rápida de entrar nessa frequência é dizer: "Estou recebendo o que quero agora. Estou recebendo tudo o que há de bom na minha vida, agora. Estou recebendo [insira aqui o seu desejo] agora." E *sinta* isso. *Sinta* como se estivesse mesmo recebendo.

Uma querida amiga minha, Marcy, é uma das pessoas mais manifestadoras que conheço, e ela *sente* tudo. Ela *sente* a maneira como se sentiria ao ter aquilo que está pedindo. É *sentindo* que ela transforma tudo em realidade. Ela não se preocupa em saber como, quando ou onde; apenas *sente*, e o seu desejo então se manifesta.

Então *sinta-se bem* agora.

BOB PROCTOR

Quando você transforma essa fantasia em um fato, está em posição de construir fantasias cada vez maiores. E esse, meu amigo, é o Processo Criativo.

"E tudo o que pedirem em oração, se crerem, vocês receberão."

Mateus 21:22

"Tudo o que vocês pedirem em oração, creiam que já o receberam, e assim sucederá."

Marcos 11:24

BOB DOYLE

A lei da atração, bem como seu estudo e sua prática, é apenas uma questão de descobrir o que irá ajudá-lo a criar o sentimento de ter o que você deseja agora. Vá fazer um test drive no carro que quer. Vá fazer compras para a casa que deseja ter. Entre na casa. Faça o que for preciso para criar o sentimento de ter o que deseja agora, e mantenha-o em mente. Faça tudo que o ajude a literalmente atrair o que quer para si.

Quando você se *sente* como se tivesse o que quer agora, e a sensação é tão real que é como se você já o tivesse nas mãos, você está acreditando que já o recebeu; e irá recebê-lo.

BOB DOYLE

Pode ser que você acorde e o que quer esteja bem ali. Manifestado na sua frente. Ou talvez você tenha uma inspiração sobre como agir. Você certamente não deve dizer: "Bem, eu poderia agir de tal forma, mas não iria gostar nada disso." Se for o caso, você não está no caminho certo.

Alguma ação da sua parte pode ser necessária, mas, se estiver em sintonia com o que o Universo está tentando lhe trazer, a sensação será ótima. Você se sentirá vivo como nunca. Perderá a noção do tempo. Como se pudesse fazer isso o dia todo.

Ação é uma palavra que pode significar "trabalho" para algumas pessoas, mas a ação inspirada não se parecerá nem um pouco com trabalho. A diferença entre ação inspirada e ação comum é a seguinte: a ação inspirada é quando você está agindo no intuito de receber. Se estiver agindo para tentar fazer algo acontecer, está dando um passo para trás. A ação inspirada não exige esforço e faz com que você se sinta muito bem, pois você está na frequência certa para receber.

Imagine a vida como um rio com corredeiras. Quando você está agindo para fazer algo acontecer, a sensação é que está indo contra a corrente. Parece difícil, como se fosse uma luta. Quando está agindo para receber do Universo, a sensação é que está sendo levado pela corrente. Como se não precisasse fazer esforço algum. É assim que a ação inspirada faz você se sentir, como se estivesse em sintonia com o fluxo do Universo e da vida.

Às vezes você se sentirá tão bem ao agir, que nem sequer perceberá que entrou em "ação" até receber o que queria. Então, ao olhar para trás, verá de que forma maravilhosa o Universo conduziu você rumo ao seu desejo e trouxe o que você queria para as suas mãos.

DR. JOE VITALE

O Universo gosta de rapidez. Não procrastine. Não titubeie. Não tenha dúvidas. Quando a oportunidade chegar, quando o impulso chegar, quando aquele empurrãozinho intuitivo que vem de dentro chegar, aja. Este é o seu trabalho. E é tudo o que você precisa fazer.

Confie nos seus instintos. É o Universo que está inspirando você. Ele está se comunicando com você através da frequência do recebimento. Se você tiver alguma intuição ou instinto, obedeça-o e descobrirá que o Universo o está guiando magneticamente para receber o que você pediu.

BOB PROCTOR

Você atrairá tudo o que necessitar. Se é de dinheiro que precisa, irá atraí-lo. Se é de pessoas que precisa, irá atraí-las. Você deve estar atento às coisas para as quais é atraído, pois, ao se concentrar nas imagens daquilo que quer, você será atraído para essas coisas e elas serão atraídas para você. Mas elas são literalmente trazidas para a realidade física com e através de você. E isso acontece por meio da lei.

Lembre-se de que você é um ímã que atrai tudo para si. Quando passa a ter claro em sua mente o que quer, você se torna um ímã que atrai essas coisas, que por sua vez são magnetizadas em sua direção. Quanto mais praticar e começar a ver a lei da atração trazer coisas para a sua vida, mais forte será o seu poder magnético, pois você acrescentará a ele o poder da fé, da crença e do conhecimento.

MICHAEL BERNARD BECKWITH

No início, você pode não ter nada; mas deste nada, desta escassez de caminhos, um caminho será criado.

Você só precisa de Você mesmo e da sua habilidade de conseguir o que quer por meio dos seus pensamentos. Tudo o que já foi inventado e criado na história da humanidade começou com um pensamento. A partir deste pensamento um caminho foi criado, e se manifestou do plano invisível para o plano visível.

JACK CANFIELD

Pense em um carro atravessando a noite. Os faróis só iluminam de 30 a 60 metros de estrada, mas você consegue guiar desde a Califórnia até Nova York, dirigindo no escuro, pois tudo o que precisa enxergar são os 60 metros à sua frente. É assim que a vida tende a se desenrolar diante de nós. Se confiarmos que os próximos 60 metros surgirão logo em seguida, e assim sucessivamente, a vida continuará a seguir adiante. E o levará ao destino que você realmente quer alcançar, pois é isso que você quer.

Confie no Universo. Confie, acredite e tenha fé. Eu sinceramente não fazia ideia de como iria levar o conhecimento do Segredo para as telas de cinema. Apenas me agarrei ao resultado da visão, e o visualizei com clareza em minha mente, sentindo-o com todas as minhas forças, e tudo o que precisávamos para criar *The Secret – O Segredo* veio até nós.

> "Dê o primeiro passo de fé. Você não precisa ver todos os degraus da escada. Apenas dê o primeiro passo."
>
> Martin Luther King, Jr. (1929–1968)

O Segredo e o Seu Corpo

Vamos ver como usar o Processo Criativo quando você sente que está acima do peso e quer emagrecer.

A primeira coisa que deve saber é que, se você se concentrar em perder peso, irá atrair de volta a necessidade de perder mais peso, então tire essa ideia da cabeça. É por este exato motivo que as dietas não funcionam. Como está se concentrando nos seus quilos a mais, você obrigatoriamente atrai a necessidade contínua de emagrecer.

A segunda coisa a ter em mente é que a condição de estar acima do peso foi criada pelos seus pensamentos. Colocando da forma mais simples possível, se alguém está acima do peso, é porque teve "pensamentos gordos", quer a pessoa esteja consciente deles ou não. Não é possível ter "pensamentos magros" e ser gordo. Isso desafia completamente a lei da atração.

Se algum dia lhe disseram que você tem a tireoide lenta, o metabolismo lento ou que o tamanho do seu corpo é uma questão de hereditariedade, tudo isso não passa de uma maneira de disfarçar a influência dos "pensamentos gordos". Se você aceitar qualquer uma dessas condições como aplicáveis a você, e acreditar nelas, elas obrigatoriamente se tornarão a sua experiência e você continuará a atrair o fato de estar acima do peso.

Depois que tive minhas duas filhas, eu fiquei acima do peso.

Agora sei que isso foi consequência de ouvir e ler relatos de que é difícil perder peso depois de ter um bebê, e mais ainda depois do segundo. Eu atraí exatamente isso para mim com esses "pensamentos gordos", e foi o que se tornou minha experiência. Ganhei uns belos "quilinhos a mais", e, quanto mais percebia como tinha engordado, mais "quilinhos a mais" atraía para mim. Apesar de ser pequena, cheguei a pesar 65 quilos, tudo porque estava tendo "pensamentos gordos".

Eu pensava, como a maioria das pessoas, que a comida era a culpada pelo meu ganho de peso. Acreditar nisso não ajuda você em nada, e agora vejo que é uma grande besteira! A comida não é a culpada por você ter engordado. Seu *pensamento* de que a comida é culpada por você ter ganhado peso é que faz a comida engordar você. Não se esqueça de que os seus pensamentos são a causa primária de tudo, e o restante é efeito deles. Tenha pensamentos perfeitos e o resultado será obrigatoriamente um peso perfeito.

Liberte-se desses pensamentos limitadores. A comida não pode fazer você engordar, a não ser que você *pense* que sim.

A definição do peso perfeito é o peso com o qual você se *sente* bem. A opinião de mais ninguém importa. É você que deve se *sentir* bem com o seu peso.

Você muito provavelmente conhece alguém que é magro apesar de comer feito um cavalo, e que ainda diz cheio de orgulho: "Posso comer o que quiser e estou sempre dentro do meu peso perfeito." E então o Gênio do Universo diz: "Seu desejo é uma ordem!"

Se quiser atrair peso e corpo perfeitos usando o Processo Criativo, siga estes passos:

1º Passo: Peça

Defina o peso que quer ter. Visualize em sua mente como você será quando atingir esse peso perfeito. Pegue fotos suas em seu peso perfeito, se as tiver, e olhe para elas com frequência. Ou procure fotos do corpo que gostaria de ter e olhe sempre para elas.

2º Passo: Acredite

Você precisa acreditar que irá receber e que já tem o peso perfeito. Precisa imaginar e fazer de conta que ele é seu e agir como se já o tivesse. Precisa se visualizar recebendo o peso perfeito.

Anote seu peso perfeito em um pedaço de papel e tape o leitor da sua balança com ele, ou simplesmente pare de se pesar. Não contradiga aquilo que pediu com seus pensamentos, palavras e ações. Não compre roupas que sirvam para o seu peso atual. Tenha fé e concentre-se nas roupas que irá comprar. Atrair o peso perfeito é como fazer uma encomenda pelo catálogo do Universo. Você folheia o catálogo, escolhe o peso perfeito, faz seu pedido e então ele é entregue a você.

Busque pessoas cujos corpos reflitam a sua ideia de peso perfeito, admire-as e elogie-as em seu íntimo. Sempre que você as procurar, admirar e tiver esses sentimentos, estará evocando o mesmo para você. Se por acaso vir pessoas que estão acima do peso, evite observá-las, mas volte no mesmo instante sua mente para uma imagem sua com o peso perfeito e *sinta* isso.

3º Passo: Receba

Você deve se sentir bem. Deve se sentir bem com Você. Isso é importante, pois é impossível atrair o seu peso perfeito se você estiver se sentindo mal a respeito do seu corpo. Sentir-se mal a respeito do seu corpo é um sentimento poderoso, que fará você continuar a atrair o fato de se sentir mal a respeito dele. Você nunca conseguirá modificar o seu corpo se assumir uma postura crítica e colocar defeitos nele; na verdade, irá atrair um aumento de peso maior ainda. Enalteça e bendiga cada centímetro do seu corpo. Pense em todas as coisas perfeitas em Você. Quando tem pensamentos perfeitos e se sente bem consigo mesmo, você está na frequência do seu peso perfeito e, portanto, está evocando a perfeição.

Wallace Wattles oferece uma dica maravilhosa sobre alimentação em um de seus livros. Ele recomenda que você se concentre no ato de mastigar a comida enquanto come. Mantenha sua mente atenta e experimente a sensação de comer, sem se deixar distrair por outras coisas. Esteja presente em seu corpo e saboreie todas as sensações de mastigar a comida em sua boca e engoli-la. Experimente fazer isso em sua próxima refeição. Quando você está totalmente presente ao comer, o sabor da comida é muito mais intenso e rico; quando permite que sua mente se distraia, o sabor quase desaparece. Estou convencida de que, quando nos alimentamos de forma presente, totalmente concentrados na experiência prazerosa de comer, a comida é digerida de forma perfeita pelo nosso corpo, e o resultado é *obrigatoriamente* um corpo perfeito.

O fim da história sobre meu peso é que agora mantenho meu peso perfeito de 52 quilos e posso comer o que quiser. Portanto, concentre-se no seu peso perfeito!

Quanto Tempo Vai Demorar?

DR. JOE VITALE

Outra coisa que as pessoas querem saber é: "Quanto tempo vai demorar para aparecer o carro, o relacionamento, o dinheiro?" Não existe nenhuma regra específica que afirme que levará 30 minutos, três dias ou 30 dias. É uma questão de você estar em sintonia com o próprio Universo.

O tempo é uma ilusão. Einstein nos revelou isso. Se essa é a primeira vez que ouve falar nesse conceito, talvez ele lhe pareça um tanto difícil de assimilar, pois você vê tudo à sua volta acontecendo cronologicamente – uma coisa depois da outra. O que a física quântica e Einstein nos dizem é que tudo está acontecendo simultaneamente. Se você conseguir entender que o tempo não existe, e aceitar esse conceito, então verá que tudo o que deseja no futuro já existe. Se tudo está acontecendo ao mesmo tempo, então a versão paralela de você mesmo que possui o que quer *já* existe!

O Universo não precisa de tempo para manifestar o seu desejo. Qualquer tempo de espera que você precise aguardar é devido à sua demora em chegar ao estado de acreditar, saber e sentir que já possui o que quer. Isso é você se ajustando à frequência daquilo que deseja. Quando estiver nessa frequência, então o que você quer irá surgir.

BOB DOYLE

Tamanho não significa nada para o Universo. Cientificamente falando, algo que consideramos gigantesco não é mais difícil de atrair do que algo que consideramos infinitesimalmente pequeno.

O Universo faz tudo sem esforço algum. A grama não se esforça para crescer. Ela apenas cresce. A criação é perfeita assim.

Está tudo na sua mente. É apenas uma questão de como classificamos as coisas, dizendo: "Isto é enorme, vai levar um bom tempo", e "Isto é pequeno, preciso apenas de uma hora". Essas são regras que nós definimos. Não há regras no que diz respeito ao Universo. Você fornece os sentimentos de que já tem o que quer; ele irá responder a isso – seja o que for.

Para o Universo, não existe tempo ou tamanho. Um dólar é tão fácil de se manifestar quanto um milhão de dólares. É o mesmo processo, e o único motivo pelo qual um pode vir rápido e outro pode demorar mais é porque você pensa que um milhão de dólares é muito dinheiro e um dólar é pouco.

BOB DOYLE

Algumas pessoas têm mais facilidade com coisas pequenas, então às vezes nós lhes dizemos para começarem com algo pequeno, como uma xícara de café. Faça com que sua intenção hoje seja atrair uma xícara de café para si.

BOB PROCTOR

Visualize em sua mente que está falando com um velho amigo que não vê há muito tempo. De uma forma ou de outra, alguém começará a falar com você sobre essa pessoa. E você receberá um telefonema ou uma carta dela.

Começar com algo pequeno é uma maneira simples de testemunhar a lei da atração com seus próprios olhos. Permita-me compartilhar com você a história de um jovem que fez exatamente isso. Ele assistiu ao filme *The Secret – O Segredo* e decidiu começar com algo pequeno.

Criou a imagem de uma pena em sua mente, e certificou-se de que essa pena fosse especial. Visualizou marcas inconfundíveis nela, para que quando a visse não tivesse dúvidas de que a pena havia chegado a ele por meio do uso intencional da lei da atração.

Dois dias depois, ele estava andando pela rua, na cidade de Nova York, e prestes a entrar em um arranha-céu. Então, sem saber por que, ele olhou para baixo. Ali, bem aos seus pés, diante da entrada de um prédio em Nova York, estava a pena! Não uma pena qualquer, mas exatamente a que ele havia imaginado. Era idêntica à imagem criada em sua mente, com todas as marcas que a diferenciavam das demais. Neste momento ele soube, sem sombra de dúvida, que aquilo era a lei da atração funcionando em toda a sua glória. Ele teve consciência da sua capacidade extraordinária de atrair algo para si com o poder da mente. Com fé absoluta, ele então passou a criar coisas muito maiores.

DAVID SCHIRMER

CONSULTOR DE INVESTIMENTOS, MESTRE E ESPECIALISTA EM FINANÇAS

As pessoas ficam impressionadas como eu sempre consigo vaga para estacionar. Venho fazendo isso desde a primeira vez que compreendi O Segredo. Visualizo uma vaga bem onde eu quero, e em 95% das vezes ela estará lá para mim e eu só precisarei estacionar o carro nela. Os outros 5% das vezes, só preciso esperar no máximo dois minutos para outra pessoa sair da vaga e eu estacionar. Faço isso o tempo todo.

Agora você entende por que uma pessoa que diz "sempre consigo vagas para estacionar" as consegue. Ou por que uma pessoa que diz "tenho muita sorte, vivo ganhando coisas", está sempre ganhando uma coisa atrás da outra. Essas pessoas estão *esperando* por isso. Comece a ter grandes expectativas e, ao fazê-lo, estará criando sua vida com antecedência.

Crie Seu Dia com Antecedência

Você pode usar a lei da atração para criar toda a sua vida com antecedência, a começar pela próxima coisa que fará hoje. Prentice Mulford, um mestre cujos escritos apresentam muitos insights sobre a lei da atração e sobre como usá-la, demonstra quão importante é *pensar seu dia com antecedência.*

> "Quando você diz para si mesmo, 'a visita ou viagem que vou fazer será ótima', está literalmente enviando energias e forças na frente do seu corpo que mobilizarão as coisas para que sua visita ou viagem seja ótima. Quando antes de uma visita, de uma viagem ou de ir às compras você está de mau humor, ou receoso, ou apreensivo de que algo de ruim aconteça, está enviando energias invisíveis na sua frente que criarão algum tipo de contratempo. Nosso pensamento, ou, em outras palavras, nosso estado de espírito, está sempre em ação, 'tramando' coisas boas ou ruins com antecedência."
>
> Prentice Mulford

Prentice Mulford escreveu estas palavras na década de 1870. Que grande pioneiro! Você pode ver claramente como é importante *pensar com antecedência* cada acontecimento de cada dia. Certamente já sofreu as consequências do oposto de pensar seu dia com antecedência, e uma das repercussões disso é ter que se apressar e fazer as coisas correndo.

Quando você se apressa ou faz as coisas correndo, saiba que esses pensamentos e ações são baseados no medo (medo de se atrasar) e você está "tramando" coisas ruins para si mais à frente. Enquanto continuar se apressando, atrairá uma coisa ruim atrás da outra ao longo do seu caminho. Além disso, a lei da atração estará "tramando" *mais* circunstâncias futuras que o farão se apressar e correr. Você precisa *parar* e sair dessa frequência. Reserve alguns instantes para fazer essa mudança se não quiser evocar coisas ruins para você.

Muitas pessoas, especialmente nas sociedades ocidentais, correm atrás do "tempo" e reclamam que *não têm tempo suficiente*. Bem, quando alguém diz que não tem tempo suficiente, assim será, de acordo com a lei da atração. Se você estiver perseguindo o próprio rabo com tais pensamentos, declare enfaticamente a partir de agora, "eu tenho tempo mais do que suficiente", e mude sua vida.

Você também pode transformar períodos de espera em um tempo poderoso para criar sua vida futura. Quando estiver numa situação em que precisa esperar, aproveite este tempo e imagine-se tendo tudo o que deseja. Você pode fazer isso em qualquer lugar, a qualquer hora. Transforme cada situação da sua vida em algo positivo! Torne um hábito diário determinar cada acontecimento com antecedência através dos seus pensamentos. Envie as forças Universais na sua frente em tudo o que faça e para onde quer que vá, pensando na maneira como você quer que as coisas aconteçam *com antecedência*. Se fizer isso, você estará criando intencionalmente a sua vida.

Resumindo O Segredo

- *Como o Gênio de Aladim, a lei da atração obedece a todas as suas ordens.*

- *O Processo Criativo o ajuda a criar o que você quer em três passos simples: pedir, acreditar e receber.*

- Pedir *ao Universo é a sua oportunidade de deixar claro para si o que você quer. Assim que isso estiver claro em sua mente, você já terá feito o pedido.*

- Acreditar *envolve agir, falar e pensar como se já tivesse recebido o que pediu. Quando você emite a frequência de ter recebido o que quer, a lei da atração mobiliza pessoas, acontecimentos e circunstâncias para que isso aconteça.*

- Receber *envolve se sentir da maneira que você se sentirá assim que o seu desejo tiver se manifestado. Sentir-se bem agora o coloca na mesma frequência daquilo que você quer.*

- *Se quiser emagrecer, não se concentre em "perder peso". Em vez disso, concentre-se no seu peso perfeito. Sinta o que sentiria em seu peso perfeito, e você o evocará para si.*

- *O Universo não precisa de tempo para manifestar o que você quer. É tão fácil manifestar um dólar quanto um milhão de dólares.*

- *Começar com algo pequeno, como uma xícara de café ou vagas de estacionamento, é uma maneira fácil de testemunhar a lei da atração em funcionamento. Concentre suas forças na intenção de atrair algo pequeno. Depois que tiver experimentado o seu próprio poder de atração, você passará a criar coisas muito maiores.*

- *Crie o seu dia com antecedência, pensando na maneira como quer que ele ocorra; assim, você estará criando intencionalmente a sua vida.*

Nucleus
Meters
10-10

Práticas Poderosas

DR. JOE VITALE

Muitas pessoas se sentem encurraladas ou presas por suas circunstâncias atuais. Qualquer que seja a sua situação no momento, ela é apenas a sua realidade atual, e essa realidade atual começará a mudar quando você começar a usar O Segredo.

A sua realidade atual e sua vida atual são resultado dos pensamentos que você está tendo. Tudo isso irá mudar totalmente quando você começar a mudar seus pensamentos e sentimentos.

> "Um homem pode mudar a si mesmo... e ser mestre do seu próprio destino; esta é a conclusão de qualquer mente que tenha plena consciência do poder do pensamento positivo."
>
> Christian D. Larson (1866–1962)

Lisa Nichols

Se quiser modificar suas circunstâncias, você precisa primeiro modificar o seu modo de pensar. Se todas as vezes que for conferir sua caixa de correio você estiver esperando encontrar uma conta, adivinhe só – é isso que irá encontrar. Todos os dias você sai de casa temendo encontrar uma conta ali! Nunca espera encontrar nada de bom. Quando pensa em dívidas, está esperando dívidas. Então uma dívida deve obrigatoriamente aparecer, para que você não ache que está maluco. E a cada dia você confirma esse pensamento: será que a dívida vai estar lá? Sim, lá está ela. Será que ela vai estar lá? Sim, lá está ela. Por quê? Porque era isso que você esperava. Então ela apareceu, pois a lei da atração sempre obedece aos seus pensamentos. Faça um favor a si mesmo – espere encontrar um cheque!

A expectativa é uma força de atração poderosa, pois ela atrai as coisas para você. Nas palavras de Bob Proctor: "O desejo o conecta às coisas que você deseja, e a expectativa as atrai para a sua vida." Espere aquilo que quer, e não espere aquilo que não quer. O que você está esperando agora?

James Ray

A maioria das pessoas olha para a sua situação atual e diz: "Este é quem eu sou." Este não é quem você é. Este é quem você foi. Digamos, por exemplo, que você não tenha dinheiro suficiente em sua conta bancária, ou não tenha o tipo de relacionamento que deseja, ou não esteja com boa saúde ou em boa forma. Este não é quem você é; este é o resultado residual dos seus pensamentos e atitudes no passado. Isso significa que estamos constantemente vivendo neste resíduo, por assim dizer, dos pensamentos e atitudes que tivemos. Quando você olha para a sua atual situação e se define por isso, está se condenando a ter apenas mais do mesmo no futuro.

"Tudo o que somos é resultado daquilo que pensamos."

Buda (563 a.C.–483 a.C.)

Eu gostaria de compartilhar com você uma prática que foi ensinada pelo grande mestre Neville Goddard em uma palestra que ele deu em 1954, chamada "The Pruning Shears of Revision" (As Tesouras de Poda da Revisão). Esta prática teve um efeito profundo em minha vida. Neville recomenda que ao fim de cada dia, antes de dormir, você reflita sobre os acontecimentos do seu dia. Se algum acontecimento ou momento não ocorreu como você queria, repasse-os em sua mente de uma maneira que o deixe feliz. Ao recriar esses acontecimentos em sua mente da maneira que queria, você está purificando a sua frequência daquele dia que passou e emitindo um novo sinal e uma nova frequência para o dia seguinte. Está criando intencionalmente novas imagens para o seu futuro. Nunca é tarde demais para mudar as imagens da sua vida.

A Prática Poderosa da Gratidão

Dr. Joe Vitale

O que você pode fazer neste exato momento para mudar a sua vida? A primeira coisa é uma lista de coisas pelas quais deve ser grato. Isso modifica a sua energia e começa a modificar seu modo de pensar. Enquanto antes deste exercício você talvez estivesse se concentrando no que não tem, nas suas queixas e nos seus problemas, ao fazê-lo você mudará de direção. Começará a se sentir grato por todas as coisas que o fazem se sentir bem.

> "Se você nunca tinha pensando antes que a gratidão faz toda a sua mente entrar em maior harmonia com as energias criativas do Universo, reflita bem sobre isso, e você verá que é verdade."
>
> Wallace Wattles (1860–1911)

Marci Shimoff

A gratidão é certamente o caminho para trazer mais à sua vida.

Dr. John Gray
Psicólogo, escritor e palestrante internacional

Todo homem sabe: quando sua esposa demonstra gratidão pelas pequenas coisas que ele faz, ele tem vontade de fazer mais. É sempre uma questão de reconhecimento. Ele atrai coisas boas. Atrai apoio mútuo.

Dr. John Demartini

Você atrai para si tudo o que pensa com gratidão.

James Ray

A gratidão tem sido uma prática poderosíssima para mim. Todos os dias ao sair da cama eu digo "Obrigado". Todas as manhãs, assim que coloco os pés no chão: "Obrigado". Então, começo a repassar todas as coisas pelas quais sou grato enquanto escovo os dentes e faço tudo o que costumo fazer pela manhã. E não estou apenas pensando nelas e tocando minha rotina no piloto automático. Estou colocando isso tudo para fora e sentindo gratidão.

Nunca vou me esquecer do dia em que filmamos James Ray compartilhando esse poderoso exercício de gratidão. A partir desse dia, adotei a prática de James para a minha vida. De manhã, não saio da cama antes de sentir gratidão pelo novo dia e por tudo pelo que sou grata em minha vida. Então, digo "muito" quando coloco um pé no chão, e "obrigada" quando coloco o outro. A cada passo a caminho do banheiro eu digo "obrigada". Continuo a dizer "obrigada" e sentir gratidão enquanto tomo banho e me arrumo. Quando estou pronta para começar meu dia, já disse "Obrigada" centenas de vezes.

Ao fazer isso, estou criando poderosamente o meu dia e tudo o que acontecerá nele. Estou ajustando minha frequência para o dia e declarando intencionalmente a maneira como quero que ele transcorra, em vez de sair às pressas da cama e me deixar ser controlada por ele. Não há maneira mais poderosa de começar o seu dia. Você é o criador da sua vida, então comece a criar intencionalmente o seu dia!

A gratidão foi parte fundamental dos ensinamentos dos grandes avatares da história. No livro que mudou minha vida, *A ciência de ficar rico*, escrito por Wallace Wattles em 1910, a gratidão ocupa o capítulo mais longo. Todos os mestres apresentados em *The Secret – O Segredo* utilizam a gratidão em seu dia a dia. A maioria deles começa seus dias com pensamentos e sentimentos de gratidão.

Joe Sugarman, um homem maravilhoso e empresário de sucesso, assistiu ao filme *The Secret – O Segredo* e entrou em contato comigo. Ele me disse que sua parte favorita foi o processo de gratidão, e que o uso que fez dela contribuiu para tudo o que conquistou na vida. Apesar de todo o sucesso que Joe atraiu para si, ele continua a utilizar a gratidão diariamente, até mesmo pelas menores coisas. Quando encontra uma vaga para estacionar, ele sempre diz e sente: "Obrigado." Joe tem consciência do poder da gratidão e de tudo o que ela lhe trouxe, então tornou-a seu estilo de vida.

Em tudo o que li e em todas as experiências que tive em minha própria vida utilizando O Segredo, o poder da gratidão está acima de todo o resto. Se você decidir fazer apenas uma coisa com o conhecimento do Segredo, utilize a gratidão até ela se tornar o seu estilo de vida.

DR. JOE VITALE

Ao começar a mudar sua perspectiva sobre o que já possui, você começará a atrair mais coisas boas. Mais coisas pelas quais se sentirá grato. Você pode olhar à sua volta e dizer: "Ora, não tenho o carro que quero. Não tenho a casa que quero. Não tenho o marido ou a mulher que quero. Não tenho a saúde que quero." Opa! Espere aí! Essas são coisas que você não quer. Concentre-se nas coisas que já tem e pelas quais você é grato. Pode ser o fato de você ter uma visão que lhe permita ler isto. Podem ser as roupas que está vestindo. Eu sei que você talvez prefira outra coisa, mas, se começar a se sentir grato pelo que tem, terá essa outra coisa em breve.

> "Muitas pessoas que organizam suas vidas de forma correta em todos os outros sentidos continuam na pobreza por pura falta de gratidão."
>
> Wallace Wattles

É impossível trazer mais para a sua vida se você for ingrato pelo que tem. Por quê? Porque os sentimentos que emite ao se sentir ingrato são emoções negativas. Quer seja inveja, rancor, insatisfação ou a sensação de "não tenho o suficiente", esses sentimentos não podem lhe trazer o que você deseja. Eles só podem lhe devolver mais daquilo que você não quer. Essas emoções negativas estão bloqueando as coisas boas que poderiam vir para você. Se você quer um carro novo, mas não é grato pelo carro que tem, esta será a frequência dominante que irá emitir.

Seja grato pelo que você tem agora. Quando começar a pensar sobre todas as coisas em sua vida pela quais sente gratidão, você ficará impressionado com o fluxo inesgotável de pensamentos que virão à sua mente sobre mais coisas pelas quais pode ser grato. Você só precisa começar, e então a lei da atração receberá seus pensamentos de gratidão e lhe enviará outros semelhantes a eles. Assim, você terá entrado na frequência da gratidão e tudo de bom que quiser será seu.

> "A prática diária da gratidão é um dos canais que lhe trarão riqueza."
>
> Wallace Wattles

LEE BROWER

ESPECIALISTA EM FINANÇAS E CONSULTOR FINANCEIRO, ESCRITOR E MESTRE

Acho que todo mundo passa por momentos em que diz para si mesmo "Isso não está dando certo" ou "As coisas vão mal". Certa vez, quando eu estava passando por problemas familiares, encontrei uma pedra e simplesmente fiquei sentado ali com ela nas mãos. Então, enfiei-a no bolso e disse: "Sempre que tocar esta pedra eu vou pensar em algo pelo qual sou grato." E todas as manhãs ao me levantar eu a pegava na cômoda, colocava-a no bolso e repassava as coisas pelas quais era grato em minha mente. À noite, o que eu fazia? Esvaziava o bolso e lá estava ela outra vez.

Tive algumas experiências fantásticas com esta prática. Um sujeito da África do Sul me viu pegá-la e perguntou: "O que é isso?" Expliquei a ele, que começou a chamá-la de pedra da gratidão. Duas semanas depois, quando ele já estava de volta à África do Sul, recebi um e-mail seu. Ele dizia: "Meu filho está morrendo de uma doença rara. É um tipo de hepatite. Você poderia me enviar três pedras da gratidão?" Elas eram apenas pedras comuns que eu havia encontrado na rua, então respondi: "Claro." Eu precisava me certificar de que as pedras fossem muito especiais, então fui até o rio, apanhei as pedras certas e as enviei para ele.

Uns quatro ou cinco meses depois, recebi o seguinte e-mail dele: "Meu filho melhorou, ele está ótimo." Então ele falava: "Mas preciso lhe contar uma coisa. Nós vendemos mil pedras por 10 dólares cada como pedras da gratidão e doamos todo o dinheiro para a caridade. Muito obrigado."

Portanto, é muito importante ter uma "atitude de gratidão".

O grande cientista Albert Einstein revolucionou a maneira como vemos o tempo, o espaço e a gravidade. A julgar pelas suas origens humildes, você jamais imaginaria que ele seria capaz de obter tamanhas conquistas. Einstein tinha um grande conhecimento do Segredo, e dizia "Obrigado" centenas de vezes por dia. Ele agradecia a todos os grandes cientistas que vieram antes dele por suas contribuições, que lhe possibilitaram aprender mais e chegar ainda mais longe em seu trabalho, e se tornar um dos maiores cientistas de todos os tempos.

Uma das aplicações mais eficazes da gratidão pode ser incorporada ao Processo Criativo para impulsionar o que você deseja. Conforme aconselhou Bob Proctor no primeiro passo do Processo Criativo, *Peça,* comece colocando no papel o que você quer. Inicie cada frase escrevendo: *"Estou muito feliz e grato agora que..."* (e preencha o resto você mesmo).

Quando você agradece como se já tivesse recebido o que quer, emite um sinal muito poderoso para o Universo. Esse sinal diz que você já tem o que deseja, pois está sentindo gratidão agora. De manhã, antes de sair da cama, crie o hábito de sentir gratidão *com antecedência* pelo excelente dia que terá, como se isso já tivesse acontecido.

A partir do momento que descobri O Segredo e elaborei meu plano para dividir este conhecimento com o mundo, eu agradeci todos os dias pelo filme *The Secret – O Segredo,* que iria trazer alegria para todas as pessoas. Não fazia ideia de como iria adaptar este conhecimento para as telas de cinema, mas tinha confiança de que conseguiríamos atrair uma maneira. Mantive-me focada no resultado. Senti uma gratidão profunda com antecedência. Quando isso se tornou o meu estado de ser, as portas se abriram e toda a magia invadiu as nossas vidas. Eu e a magnífica equipe de *The Secret – O*

Segredo continuamos até hoje a sentir uma gratidão profunda e sincera por isso. Nós nos tornamos uma equipe que emana gratidão constantemente, e esse se tornou o nosso estilo de vida.

A Prática Poderosa da Visualização

A visualização é uma prática que foi ensinada por todos os grandes mestres e avatares ao longo dos séculos, bem como por todos os grandes mestres da atualidade. No livro *A chave mestra*, de Charles Haanel, escrito em 1912, ele oferece 24 exercícios semanais para dominar a arte da visualização. (E o que é mais importante: seu sistema completo da chave mestra o ajudará a dominar seus pensamentos.)

A visualização é tão poderosa porque, quando você cria imagens em sua mente nas quais pode ver a si mesmo com aquilo que quer, está gerando pensamentos e sentimentos de que já o possui. A visualização é simplesmente um pensamento poderoso concentrado na forma de imagens, e ela gera sentimentos igualmente poderosos. Quando está visualizando algo, você está transmitindo uma frequência poderosa para o Universo. A lei da atração receberá esse sinal e devolverá as imagens para você, da mesma forma que você as visualizou em sua mente.

DR. DENIS WAITLEY

Eu peguei o processo de visualização do programa Apollo, da NASA, e o apliquei durante as décadas de 1980 e 1990 ao programa olímpico. Ele se chamava Ensaio Motor Visual.

Quando você visualiza algo, você o materializa. Eis uma coisa interessante a respeito da mente: nós pegamos atletas olímpicos e pedimos que eles fizessem suas respectivas provas apenas em suas mentes, e então os conectamos aos mais modernos equipamentos de feedback biológico. Para nossa surpresa, os mesmos músculos que eram acionados quando eles faziam a prova na pista eram acionados, e na mesma sequência, quando eles faziam a prova mentalmente. Como era possível? Isso se dá porque a mente não consegue distinguir se você está realmente fazendo algo ou apenas praticando. Se você fizer algo com a mente, estará fazendo com o corpo.

Pense nos inventores e em suas invenções: os irmãos Wright e o avião. George Eastman e o filme. Thomas Edison e a lâmpada elétrica. Alexander Graham Bell e o telefone. Qualquer coisa que já tenha sido criada ou inventada só pôde existir porque uma pessoa a visualizou em sua mente. Ela a visualizou com clareza e, ao manter a imagem do resultado final na mente, todas as forças do Universo trouxeram a invenção ao mundo *através* dela.

Esses homens conheciam O Segredo. Eles tinham a mais absoluta fé no invisível, e sabiam ter o poder de influenciar o Universo e trazer suas invenções para o plano visível. Sua fé e imaginação possibilitaram a evolução da humanidade, e nós colhemos os frutos de suas mentes criativas todos os dias.

Você talvez esteja pensando: "A minha mente não é como a desses grandes inventores." Ou: "*Eles* eram capazes de imaginar essas coisas, eu não sou." Isso não poderia estar mais longe da verdade. Ao longo desta grande descoberta do conhecimento do Segredo, você aprenderá que não só possui uma mente como a deles, como muito mais do que isso.

MIKE DOOLEY

Quando visualizar algo, quando estiver projetando a imagem em sua mente, sempre concentre-se apenas no resultado final.

Eis um exemplo. Olhe para as costas da sua mão, agora mesmo. Olhe com atenção para elas: a cor da sua pele, as pintas, os vasos sanguíneos, os anéis, as unhas. Assimile todos esses detalhes. Logo antes de fechar os olhos, veja os dedos da sua mão agarrando o volante do seu carro novo.

DR. JOE VITALE

Esta é uma experiência tão holográfica – tão real neste momento –, que você nem sente que precisa do carro, pois já tem a sensação de possuí-lo.

As palavras do Dr. Vitale resumem de forma brilhante o estado em que você quer chegar quando estiver visualizando algo. Quando você parece ter levado um choque ao abrir os olhos para o mundo físico, a sua visualização terá se tornado real. Mas naquele estado anterior, naquele plano, ela *é* real. É neste plano que tudo é criado, e o mundo físico é apenas o *resultado* do plano *real* de toda a criação. É por isso que você não sente mais que precisa daquilo que pediu, pois você se sintonizou ao plano *real* da criação e o sentiu através da sua visualização. Nesse plano, você tem tudo agora. Quando sentir isso, você saberá.

JACK CANFIELD

É o sentimento que realmente cria a atração, não só a imagem ou o pensamento. Muitas pessoas pensam o seguinte: "Se eu tiver pensamentos positivos, ou se me visualizar tendo o que quero, isso será suficiente." Mas se estiver fazendo isso e ainda não se sentir rico, cheio de amor ou alegria, então não está criando o poder da atração.

BOB DOYLE

Você precisa se sentir como se estivesse dentro do carro. Não pense "Quem me dera eu pudesse ter aquele carro" ou "Um dia ainda terei aquele carro", pois isso está atrelado a sentimentos muito específicos: não está acontecendo agora, mas sim no futuro. Se você ficar preso a esses sentimentos, o carro continuará para sempre no futuro.

MICHAEL BERNARD BECKWITH

Agora, o sentimento e a visualização interna passarão a ser uma porta aberta pela qual o poder do Universo começará a se manifestar.

"Não sei dizer o que é poder. Sei apenas que ele existe."

Alexander Graham Bell (1847–1922)

JACK CANFIELD

Não cabe a nós descobrir o "como". O "como" irá se revelar por meio do compromisso e da crença no "quê".

MIKE DOOLEY

O "como" é trabalho do Universo. Ele sempre sabe o caminho mais curto, mais rápido e mais harmonioso entre você e o seu sonho.

DR. JOE VITALE

Se você entregar seu desejo nas mãos do Universo, ficará surpreso e encantado com o que receberá de volta. É lá que a magia e os milagres acontecem.

Todos os mestres do Segredo estão cientes dos elementos que você coloca em ação quando visualiza algo. Quando vê e sente uma imagem em sua mente, você está se colocando em um estado de acreditar que já a possui agora. Também está depositando confiança e fé no Universo, pois está se concentrando no resultado final e sentindo-se como se sentiria diante dele, sem dar nenhuma atenção a "como" isso irá acontecer. Em sua mente, você está vendo seu desejo realizado. Em seus sentimentos, também. Sua mente e todo o seu estado de ser o estão vendo como se *já tivesse acontecido*. Esta é a arte da visualização.

DR. JOE VITALE

Você deve fazer isso praticamente todos os dias, mas sem encará-lo como uma obrigação. A coisa mais importante em todo O Segredo é se sentir bem. Você deve se sentir eufórico com todo esse processo. Deve estar tão de alto-astral, feliz e animado quanto possível.

Todos nós temos o poder da visualização. Deixe-me provar isso para você com a imagem de uma cozinha. Para que isso funcione, primeiro você precisa tirar todos os pensamentos sobre a sua cozinha da cabeça. *Não* pense na sua cozinha. Apague tudo o que há nela da sua mente: armários, geladeira, fogão, piso e paleta de cores...

Uma imagem da sua cozinha surgiu em sua mente, não surgiu? Ora, então você acabou de visualizá-la!

> "Todos nós visualizamos, quer saibamos disso ou não. A visualização é o grande segredo do sucesso."
>
> Genevieve Behrend (1881–1960)

Veja a seguinte dica sobre visualização que o Dr. John Demartini apresenta em seus seminários sobre transformação pessoal. John afirma que, se você criar uma imagem estática em sua mente, pode ser muito difícil se apegar a ela, então crie uma imagem com bastante movimento.

Por exemplo: imagine sua cozinha novamente, mas desta vez imagine-se entrando nela, andando até a geladeira e colocando a mão no puxador, abrindo a porta, olhando para dentro dela e encontrando uma garrafa de água gelada. Estenda a mão e pegue a garrafa. Sinta em sua mão o quanto ela está gelada. Com a garrafa de água em uma das mãos, use a outra para fechar a porta da geladeira. Agora que está visualizando sua cozinha com detalhes e movimento, é mais fácil ver e manter a imagem em sua mente, não é?

"Todos temos mais poder e potencial do que percebemos, e, dentre esses poderes, a visualização é um dos maiores."

Genevieve Behrend

As Práticas Poderosas em Ação

MARCI SHIMOFF

A única diferença entre as pessoas que vivem dessa maneira, de forma mágica, e as outras é a seguinte: as pessoas que vivem de forma mágica habituaram-se a certas maneiras de ser. Elas criaram o hábito de usar a lei da atração, e a magia as acompanha por toda parte. Isso é porque elas nunca se esquecem de usá-la. Utilizam-na o tempo todo, não só em ocasiões específicas.

Veja a seguir duas histórias verdadeiras que demonstram claramente a poderosa lei da atração e a matriz infalível do Universo em ação.

A primeira história é sobre uma mulher chamada Jeannie, que comprou um DVD do filme *The Secret – O Segredo* e o estava assistindo pelo menos uma vez por dia para poder absorver a mensagem dele até a última célula do seu corpo. Ela ficou especialmente impressionada com Bob Proctor, e sempre pensava que seria maravilhoso poder conhecê-lo.

Uma bela manhã Jeannie foi apanhar sua correspondência e, para seu grande espanto, o carteiro havia entregado por engano a correspondência de Bob Proctor no seu endereço. O que Jeannie não sabia era que Bob Proctor morava a apenas quatro quarteirões dela! Não só isso, como o número da casa de Jeannie era o mesmo que o da casa de Bob. Na mesma hora, ela pegou as correspondências para levá-las ao endereço correto. Imagine a sua alegria quando a porta se abriu e Bob Proctor surgiu diante dela. Bob quase nunca está em casa, pois viaja o mundo todo para divulgar seus ensinamentos, mas a matriz do Universo só sabe funcionar com um timing perfeito. Graças aos pensamentos de Jeannie sobre como seria maravilhoso conhecer Bob Proctor, a lei da atração mobilizou pessoas, circunstâncias e acontecimentos por todo o Universo para que isso acontecesse.

A segunda história envolve um menino de 10 anos chamado Colin, que tinha visto e adorado *The Secret – O Segredo*. A família de Colin fez uma viagem de uma semana para a Disney World, e logo no primeiro dia eles tiveram que enfrentar longas filas. Então naquela noite, logo antes de dormir, Colin pensou: "Amanhã, eu adoraria ir a todos os maiores brinquedos sem nunca ter que esperar nas filas."

Na manhã seguinte, Colin e sua família estavam às portas do Epcot Center quando o parque temático abriu. De repente, um dos funcionários veio lhes perguntar se eles queriam ser a Primeira Família do Dia no Epcot. Como Primeira Família, eles receberiam status VIP, um guia especial e passes livres para cada um dos principais brinquedos daquele parque. Era tudo o que Colin tinha desejado, e ainda mais!

Centenas de famílias estavam esperando para entrar no Epcot naquela manhã, mas Colin não teve a menor dúvida de por que a sua tinha sido escolhida como a primeira. Ele sabia que isso acontecera porque tinha usado O Segredo.

Imagine descobrir, aos 10 anos de idade, que o poder de mover mundos está dentro de você!

> "A única coisa que pode impedir a sua imagem de se concretizar é o mesmo poder que a criou – você mesmo."
>
> Genevieve Behrend

JAMES RAY

Algumas pessoas se empenham com todo o afinco durante algum tempo. Elas dizem: "Estou com a bola toda. Vi este programa e vou mudar a minha vida." Mesmo assim, os resultados não aparecem. Debaixo da superfície, está prestes a acontecer, mas então a pessoa olha apenas para os resultados superficiais e fala: "Não está dando certo." E, adivinhe só. O Universo responde "o seu desejo é uma ordem", e vai tudo por água abaixo.

Quando você permite que a dúvida entre em sua mente, a lei da atração logo começará a alinhar um pensamento de dúvida atrás do outro. Assim que tiver um pensamento de dúvida, afaste-o imediatamente. Mande-o para longe. Substitua-o por "eu *sei* que estou recebendo o que quero agora". E sinta isso.

John Assaraf

Quando conheci a lei da atração, eu quis colocá-la em prática para ver o que aconteceria. Em 1995, comecei a criar algo que chamei de Mural de Visualizações. Quando existia algo que eu quisesse obter ou atrair, como um carro, um relógio ou a minha alma gêmea, eu pegava uma imagem disso e a colocava nesse mural. Todos os dias, ao me sentar no meu escritório, eu olhava para o mural e começava a visualizar. Buscava entrar no estado de já ter conseguido o que queria.

Então eu precisei me mudar. Nós colocamos toda a nossa mobília e caixas em um depósito, e eu acabei me mudando três vezes em um período de cinco anos. Por fim, vim parar na Califórnia e comprei esta casa, passei um ano fazendo obras, e depois trouxemos de volta todas as coisas que havíamos colocado no depósito cinco anos antes. Certa manhã, meu filho Keenan entrou no meu escritório e uma das caixas que estavam fechadas havia cinco anos estava bem em frente à porta. Ele me perguntou: "O que tem nessas caixas, papai?" E eu falei: "São meus Murais de Visualizações." "O que é um mural de visualizações", quis saber ele. "Bem", respondi, "é onde eu coloco todos os meus objetivos. Eu os recorto e ponho todos ali como algo que quero alcançar na vida." É claro que, aos 5 anos e meio, ele não entendeu, então eu disse: "Deixe-me mostrar para você, filho, vai ser mais fácil assim."

Abri a caixa e em um dos Murais estava a foto de uma casa que eu estava visualizando cinco anos antes. Para o meu espanto, nós estávamos vivendo naquela casa. Não em uma casa parecida com ela – eu realmente tinha comprado e reformado a casa dos meus sonhos, sem me dar conta disso. Olhei para aquela casa e comecei a chorar, pois estava realmente estupefato. "Por que você está chorando, papai?", perguntou Kennan. "Eu finalmente entendi como a lei da atração funciona. Finalmente entendi o poder da visualização. Finalmente entendi tudo o que li, tudo em que trabalhei durante a vida inteira, a maneira como fundei minhas empresas. E funcionou para a nossa casa também. Eu comprei a casa dos meus sonhos e nem me dei conta disso."

> "Imaginação é tudo. Ela é a prévia das próximas atrações da sua vida."
>
> Albert Einstein (1879–1955)

Você pode dar asas à imaginação com um Mural de Visualizações, acrescentando a ele imagens de todas as coisas que quer, imagens de como deseja que a sua vida seja. Não se esqueça de colocar o Mural de Visualizações num lugar em que você possa vê-lo todos os dias, como John Assaraf fez. *Sinta-se* como se sentiria se tivesse essas coisas agora. Depois que as receber e se sentir grato por isso, você pode retirar as imagens e substituí-las por outras. Esta é uma ótima maneira de apresentar a lei da atração às crianças. Espero que a criação de um Mural de Visualizações possa inspirar pais e professores em todo o mundo.

Um dos membros do fórum da página do Segredo na internet colocou uma imagem do DVD de *The Secret – O Segredo* em seu

Mural de Visualizações. Ele tinha visto o filme, mas não tinha sua própria cópia. Dois dias depois que ele criou seu Mural, eu me senti inspirada a publicar um tópico no fórum do Segredo oferecendo DVDs para as primeiras 10 pessoas que respondessem. Ele foi uma das 10! Portanto, recebeu uma cópia do DVD dois dias depois de tê-lo colocado em seu Mural de Visualizações. Quer seja um DVD de *The Secret – O Segredo*, ou uma casa, a alegria de criar e receber é magnífica!

A experiência da minha mãe ao comprar uma casa nova é outro exemplo do poder da visualização. Várias pessoas além de mamãe tinham feito ofertas pela casa que ela queria. Mas minha mãe decidiu usar O Segredo para garantir que ela fosse sua. Ela se sentou e pôs-se a escrever o próprio nome e o endereço da nova casa sem parar. Continuou fazendo isso até sentir que aquele era o seu novo endereço. Então, imaginou-se colocando toda a sua mobília na casa nova. Horas depois de começar a fazer essas coisas, recebeu um telefonema com a notícia de que sua oferta tinha sido aceita. Ela ficou felicíssima, mas nem um pouco surpresa, pois *sabia* que a casa era dela. Que vitória!

JACK CANFIELD

Decida o que você quer. Acredite que pode consegui-lo. Acredite que o merece e que é possível obtê-lo. Então feche os olhos todos os dias por alguns minutos e visualize que tem o que quer, sentindo-se como se sentiria se já o tivesse. Em seguida, concentre-se naquilo pelo que já se sente grato e demonstre verdadeira gratidão. Então continue o seu dia, libere seu desejo para o Universo e confie que ele irá descobrir como manifestá-lo.

Resumindo O Segredo

- *A expectativa é uma força de atração poderosa. Espere receber as coisas que quer, e não espere receber as coisas que não quer.*

- *A gratidão é uma prática poderosa para modificar sua energia e trazer mais do que você quer para a sua vida. Seja grato pelo que já possui e você atrairá mais coisas boas.*

- *Agradecer com antecedência pelo que você quer impulsiona os seus desejos e envia um sinal mais poderoso para o Universo.*

- *A visualização é o processo de criar imagens em sua mente nas quais você já tem o que deseja. Quando visualiza, você cria pensamentos poderosos e o sentimento de que já possui o que quer. Consequentemente, a lei da atração devolve essa realidade para você, da mesma forma que ela foi visualizada em sua mente.*

- *Se quiser usar a lei da atração em seu benefício, em vez de apenas usá-la isoladamente, torne-a um modo de vida.*

- *Todas as noites, antes de dormir, reflita sobre os acontecimentos do dia que passou. Se algum acontecimento ou momento não ocorreu como você queria, repasse-o em sua mente da maneira como gostaria que ele tivesse acontecido.*

O Segredo para o Dinheiro

"Tudo o que a mente (...) pode conceber,
ela pode realizar."

W. Clement Stone (1902–2002)

JACK CANFIELD

O Segredo foi verdadeiramente revolucionário para mim, pois eu fui criado por um pai muito negativo que achava que os ricos exploravam os outros e que, se uma pessoa tinha dinheiro, ela só podia ter enganado alguém. De modo que eu cresci com um monte de preconceitos a respeito do dinheiro: se você tivesse dinheiro, era uma má pessoa; apenas pessoas ruins eram ricas; e o dinheiro não cresce em árvores. "Quem você pensa que eu sou, Rockefeller?" Essa era uma das frases preferidas do meu pai. Então, eu cresci convencido de que a vida era difícil. Somente depois de conhecer W. Clement Stone é que comecei a mudar minha vida.

Quando já estava trabalhando com Stone, ele me disse: "Quero que você trace um objetivo tão ambicioso que, se o alcançar, vai pensar que está louco; algo que você saberá que somente graças ao que vou lhe ensinar será alcançado." Na época, eu fazia cerca de 8 mil dólares por ano, então falei: "Quero fazer 100 mil dólares em um ano." Ora, não fazia ideia de como poderia fazer isso. Não via nenhuma estratégia, nenhuma possibilidade, mas simplesmente disse: "Vou declarar isso, vou acreditar nisso, vou agir como se fosse verdade e vou projetar isso para o mundo." Então foi o que fiz.

Uma das coisas que ele me ensinou foi a fechar os olhos e visualizar meus objetivos como se já os tivesse alcançado, todos os dias. Cheguei a fazer uma nota de 100 mil dólares e a colei no teto. Ela era a primeira coisa que eu via ao abrir os olhos pela manhã, e isso servia para me lembrar de que essa era a minha intenção. Então eu tornava a fechar os olhos e me visualizava tendo um estilo de vida de 100 mil dólares. O interessante é que, durante cerca de um mês, não aconteceu nada de mais. Não tive nenhuma grande ideia, ninguém estava me oferecendo mais dinheiro.

Depois de umas quatro semanas, tive uma ideia de 100 mil dólares. Ela simplesmente pipocou na minha cabeça. Eu tinha escrito um livro, e então pensei: "Se puder vender 400 mil exemplares a 25 centavos cada, terei os 100 mil dólares." O livro já estava lá, mas eu nunca tinha pensado nisso. (Um dos segredos é que, quando você tem uma inspiração, deve confiar nela e colocá-la em prática.) Não sabia como iria fazer para vender 400 mil cópias.

Então vi um exemplar do National Enquirer *no supermercado. Já havia visto aquele tabloide milhões de vezes; nunca lhe dera atenção. Mas, desta vez, era como se ele tivesse saltado diante dos meus olhos. Eu pensei: "Se os leitores desta publicação soubessem a respeito do meu livro, certamente 400 mil pessoas iriam comprá-lo."*

Umas seis semanas depois, dei uma palestra para 600 professores no Hunter College em Nova York. Ao final, uma mulher veio falar comigo e disse: "Ótima palestra. Gostaria de entrevistar você. Tome o meu cartão." Ela era uma jornalista freelance que vendia suas histórias para o National Enquirer. *Na mesma hora o tema de abertura da série* Além da Imaginação *tocou na minha cabeça. Caramba, aquilo estava mesmo dando certo! O artigo que ela escreveu foi publicado e as vendas do meu livro começaram a disparar.*

O que estou querendo dizer é que eu estava atraindo para a minha vida todos esses acontecimentos diferentes, inclusive essa pessoa. Para encurtar a história, eu não fiz 100 mil dólares naquele ano. Fiz 92.327 dólares. Mas você acha que fiquei deprimido e dizendo "Ah, isso não dá certo"? Não, minha reação foi: "Isso é incrível!" Então minha esposa me disse: "Se funciona para 100 mil, será que pode funcionar para um milhão?" Ao que eu respondi: "Não sei, mas acho que sim. Vamos tentar."

> *Meu editor fez um cheque para mim com os royalties do nosso primeiro livro da série* Histórias para aquecer o coração. *Chegou até a colocar uma carinha sorridente na assinatura, pois foi o primeiro cheque de um milhão de dólares que preencheu na vida.*
>
> *Então posso dizer que sei por experiência própria, pois testei eu mesmo. Na dúvida se O Segredo funcionava de verdade ou não, decidimos testá-lo. Funcionou às mil maravilhas, e agora vivo de acordo com ele todos os dias.*

O conhecimento do Segredo e o uso intencional da lei da atração podem ser aplicados a qualquer aspecto da sua vida. O processo é o mesmo para tudo que você quiser criar. Quando o assunto é dinheiro, não é diferente.

Para atrair dinheiro, você deve se concentrar na abundância. É impossível trazer mais dinheiro para a sua vida se você estiver concentrado no fato de que não tem o bastante, pois isso significa que está tendo *pensamentos* de que não tem o bastante. Concentre-se em que não tem dinheiro suficiente e você criará inúmeras circunstâncias em que não tem dinheiro suficiente. Você deve se concentrar na abundância de dinheiro se quiser trazê-la para si.

O que precisa fazer é emitir um novo sinal com os seus pensamentos, e esses pensamentos devem ser de que você tem mais do que o suficiente neste momento. Você deve dar asas à sua imaginação e fazer de conta que já possui todo o dinheiro que quer. E isso é muito divertido! Você notará que, assim que começar a fazer de conta que vive na prosperidade, passará a se sentir imediatamente melhor sobre o dinheiro – e, a partir do momento em que você se sentir melhor a respeito dele, ele começará a fluir em direção à sua vida.

A história fantástica de Jack inspirou a Equipe do Segredo a criar um cheque em branco que está disponível para download no site do Segredo na internet, www.thesecret.tv. O cheque em branco é para você, e ele é emitido pelo Banco do Universo. Preencha-o com o seu nome, a quantia desejada e seus dados e coloque-o em um lugar de destaque, onde possa vê-lo todos os dias. Quando olhar para o cheque, sinta-se como se sentiria se tivesse aquele dinheiro agora. Imagine-se gastando-o, imagine todas as coisas que irá comprar e fazer com ele. Sinta o quanto isso é maravilhoso! Saiba que o dinheiro é seu, pois, quando você pede, obtém. Já recebemos centenas de relatos de pessoas que atraíram grandes quantias de dinheiro para si usando o cheque do Segredo. É divertido e funciona!

Atraia a Abundância

O único motivo que leva qualquer pessoa a não ter dinheiro suficiente é o fato de ela estar *bloqueando* o fluxo de dinheiro com seus pensamentos. Cada pensamento, sentimento ou emoção negativa está *bloqueando* o fluxo de coisas boas direcionadas a você, e isso inclui dinheiro. A questão não é que o Universo esteja impedindo que o dinheiro chegue às suas mãos, pois todo o dinheiro que você precisa já existe agora mesmo no plano invisível. Se você não tem o bastante, é porque está obstruindo o fluxo de dinheiro, e está fazendo isso com os seus pensamentos. Você precisa inverter a balança dos seus pensamentos de "falta de dinheiro" para "mais dinheiro do que preciso". Tenha mais pensamentos de abundância e menos pensamentos de escassez; se fizer isso, você irá inverter a balança.

Quando você *precisa* de dinheiro, está carregando um sentimento poderoso dentro de si, e é claro que, de acordo com a lei da atração, continuará a atrair o fato de *precisar* de dinheiro.

Posso falar sobre dinheiro por experiência própria. Logo antes de descobrir O Segredo, meus contadores me informaram que minha empresa tinha sofrido um prejuízo enorme naquele ano e que em três meses ela iria à falência. Após 10 anos de trabalho duro, minha empresa estava prestes a virar fumaça. E, como eu *precisava* de mais dinheiro para salvá-la, a situação só piorava. Não parecia haver saída.

Então eu descobri O Segredo e tudo em minha vida, inclusive a situação da minha empresa, passou por uma completa reviravolta, pois eu mudei a minha maneira de pensar. Enquanto meus contadores continuavam a se preocupar com os números e a se concentrar nisso, eu mantive minha mente focada na abundância e na prosperidade. Eu *sabia* com cada fibra do meu ser que o Universo providenciaria uma solução, e foi o que ele fez. Ele providenciou mais do que eu poderia ter imaginado. Tive meus momentos de dúvida, mas nessas horas eu voltava imediatamente meus pensamentos para o resultado daquilo que queria. Agradecia por ele, sentia a alegria de recebê-lo e *acreditava*!

Quero lhe contar um segredo sobre O Segredo. O caminho mais curto para qualquer coisa que você queira em sua vida é SER e SE SENTIR feliz agora! Esta é a maneira mais rápida de trazer dinheiro e qualquer outra coisa que você deseje para si. Concentre-se em irradiar para o Universo esses sentimentos de alegria e felicidade. Quando fizer isso, você atrairá de volta todas as coisas que lhe trazem alegria e felicidade, o que inclui não só uma abundância de dinheiro, como qualquer outra coisa que você queira. Você precisa emitir o sinal para atrair de volta o que quer. Ao irradiar esses sentimentos de felicidade, eles serão enviados de volta para você como as imagens e experiências da sua vida. A lei da atração reflete de volta os seus pensamentos e sentimentos mais profundos, e a sua vida é o resultado disso.

Concentre-se na Prosperidade

DR. JOE VITALE

Imagino que muitos de vocês estejam pensando o seguinte: "Como posso atrair mais dinheiro para a minha vida? Como faço para embolsar mais verdinhas? Como posso obter mais riqueza e prosperidade? Se eu gosto do meu trabalho e sei que há um limite para o dinheiro que posso ganhar com ele, como posso pagar a dívida que tenho no meu cartão de crédito? Como posso ganhar mais?" Faça dessa a sua intenção!

Isso nos faz voltar a uma das coisas que temos falado desde o início. O seu trabalho é declarar o que gostaria de receber do catálogo do Universo. Se dinheiro é uma dessas coisas, então diga o quanto gostaria de receber. "Gostaria de receber 25 mil dólares, de uma fonte inesperada, ao longo dos próximos 30 dias", ou o que quer que seja. Deve ser algo que pareça crível para você.

Se até agora você vinha pensando que sua única maneira de atrair dinheiro era através do seu trabalho, livre-se desses pensamentos imediatamente. Entenda que, se continuar a pensar assim, esta será *obrigatoriamente* a sua experiência. Esses pensamentos não lhe servem de nada.

É hora de entender que a abundância está à sua espera, e que não é seu trabalho saber "como" o dinheiro chegará às suas mãos. O seu trabalho é pedir, acreditar que está recebendo e sentir-se feliz agora. Deixe que o Universo se encarregue dos detalhes sobre como isso acontecerá.

Bob Proctor

A maioria das pessoas tem como objetivo quitar suas dívidas. Desse jeito, elas ficarão endividadas para sempre. Tudo aquilo em que estiver pensando, você irá atrair. "Mas estou falando em quitar a dívida", você deve estar dizendo. Não importa se é quitar ou aumentar sua dívida. Se é em dívidas que você está pensando, é isso que irá atrair. Contrate um serviço de pagamento automático da dívida e então comece a se concentrar na prosperidade.

Quando você tem uma pilha de contas à sua frente e não faz ideia de como irá pagá-las, não pode se concentrar nas contas, pois continuará a atrair mais delas. Você precisa encontrar uma forma de se concentrar na prosperidade *apesar* das contas ao seu redor. Precisa encontrar uma forma de se sentir bem, de modo a atrair coisas boas para você.

James Ray

As pessoas vivem falando para mim: "Eu gostaria de dobrar meus rendimentos no ano que vem." Mas, quando você olha para as suas atitudes, elas não estão fazendo nada do que permitiria isso acontecer. Ao mesmo tempo, dizem coisas como: "Não tenho dinheiro para isso." E adivinhe só! "O seu desejo é uma ordem."

Se um dia as palavras "não tenho dinheiro para isso" tiverem passado pelos seus lábios, você tem o poder de mudar essa situação *agora*. Passe a dizer: "Eu tenho dinheiro para isso! Posso comprar isso!" Repita essas frases sem parar, como se fosse um papagaio. Durante os próximos 30 dias, olhe para tudo o que gostar e diga para si mesmo: "Eu tenho dinheiro para isso. Posso comprar isso." Se vir alguma roupa que goste, se estiver pensando em fazer uma grande viagem de férias, diga: "Eu tenho dinheiro para isso." Ao agir assim, você começará a mudar seu estado de espírito e a se *sentir* melhor sobre o dinheiro. Começará a se convencer de que tem dinheiro para comprar essas coisas e, ao fazer isso, as imagens da sua vida começarão a mudar.

Lisa Nichols

Quando você se concentra na escassez e naquilo que lhe falta, quando reclama disso com sua família, conversa sobre o assunto com amigos, diz aos seus filhos que vocês não têm o suficiente – "Não temos dinheiro para isso, não podemos pagar isso" –, então você nunca terá dinheiro para o que quer, pois passará a atrair mais do que não tem. Se quiser abundância, se quiser prosperidade, concentre-se na abundância. Concentre-se na prosperidade.

> "A substância espiritual que produz toda a riqueza no plano visível nunca se esgota. Ela está com você a todo momento e responde à sua fé nela, bem como aos pedidos que você lhe faz."
>
> Charles Fillmore (1854–1948)

Agora que você conhece O Segredo, quando vir pessoas que são financeiramente bem-sucedidas saberá que os pensamentos predominantes delas são sobre riqueza, e não sobre escassez, e que elas *atraíram* riqueza para si – quer tenha sido de forma consciente, quer não. Elas concentraram seus pensamentos na abundância e o Universo mobilizou pessoas, circunstâncias e acontecimentos para lhes trazer exatamente isso.

A riqueza que elas possuem, você também possui. A única diferença entre vocês é que essas pessoas tiveram pensamentos que lhes trouxeram abundância. A sua riqueza está à sua espera no plano invisível. Se quiser trazê-la para o plano visível, tenha pensamentos de riqueza!

DAVID SCHIRMER

Quando entendi pela primeira vez O Segredo, todos os dias eu recebia um monte de contas a pagar pelo correio. "Como faço para reverter isso?", pensei. A lei da atração afirma que você receberá aquilo em que se concentra, então peguei um extrato bancário, apaguei o total e escrevi um novo valor em seu lugar. Coloquei exatamente a quantia que gostaria de ver na minha conta. Então pensei: "E se eu simplesmente visualizasse cheques chegando pelo correio?" De modo que visualizei um monte de cheques chegando por correspondência. Em apenas um mês, as coisas começaram a mudar. É impressionante; hoje, eu recebo cheques pelo correio. Recebo algumas contas também, mas o que mais recebo são cheques.

Desde que o filme *The Secret – O Segredo* foi lançado, nós recebemos centenas de cartas de pessoas dizendo que, depois que o assistiram, passaram a receber cheques inesperados pelo correio. E isso aconteceu porque, ao voltarem sua atenção para a história de David e se concentrarem nela, eles atraíram os cheques para si.

Eu criei uma tática que me ajudou a modificar meus sentimentos sobre a pilha de contas a pagar que recebia. Ela consistia em fingir que, na verdade, elas eram cheques. Eu pulava de alegria ao abri-las e dizia: "Mais dinheiro para mim! Obrigada. Obrigada." Sempre que pegava uma conta, eu imaginava que ela era um cheque, então acrescentava um zero ao valor em minha mente para aumentá-lo ainda mais. Apanhava um bloco de anotações e escrevia no topo da página "Recebimentos", acrescentando em seguida todos os valores das contas com um zero a mais em cada.

Ao lado de cada valor, eu acrescentava um "Obrigada" e sentia--me grata por tê-lo recebido – até meus olhos ficarem marejados de lágrimas. Então voltava a pegar cada uma das contas, que pareciam muito pequenas se comparadas ao que eu tinha recebido, e as pagava com gratidão.

Eu nunca abria minhas contas até ter chegado ao estado em que sentia que elas eram cheques. Se as abrisse antes de me convencer disso, sentia um embrulho no estômago ao abri-las. Eu sabia que essa sensação de mal-estar estava agindo poderosamente para me trazer mais contas a pagar. Sabia também que precisava me livrar desse sentimento e substituí-lo por sentimentos de alegria, para poder atrair mais dinheiro para a minha vida. No caso da pilha de contas, a tática que escolhi funcionou para mim; e ela mudou minha vida. Você pode criar inúmeras táticas parecidas, e saberá o que funciona melhor para você pela maneira como se sentirá por dentro. Quando você faz de conta, os resultados são rápidos!

Loral Langemeier

Estrategista financeira, palestrante e consultora pessoal e corporativa

Eu fui criada para acreditar que "é preciso trabalhar duro para ganhar dinheiro". Então substituí isso por "o dinheiro vem fácil e com frequência". À primeira vista, parece uma mentira, não? Uma parte do seu cérebro irá dizer: "Ora, sua mentirosa, não é nada fácil." Saiba que esse é um conflito interno que não vai dar trégua tão cedo.

Se você já teve pensamentos do tipo "tenho que trabalhar muito duro e batalhar para ter dinheiro", livre-se deles imediatamente. Ao ter esses pensamentos, você emitiu essa frequência e eles se tornaram as imagens da sua experiência de vida. Aceite o conselho de Loral Langemeier e substitua esses pensamentos por "o dinheiro vem fácil e com frequência".

DAVID SCHIRMER

A riqueza é uma atitude mental. Tudo se resume ao seu modo de pensar.

LORAL LANGEMEIER

Eu diria que 80% do trabalho de consultoria que realizo com meus clientes está relacionado ao estado psicológico e ao modo de pensar deles. Sei disso quando eles dizem: "Ah, você consegue fazer isso, eu não." As pessoas têm a capacidade de mudar a própria visão sobre o dinheiro e a maneira como se relacionam com ele.

> "A boa notícia é que, no instante em que decide que o que você sabe é mais importante do que aquilo em que você foi levado a acreditar, você terá dado um salto à frente em sua busca pela abundância. O sucesso vem de dentro, não de fora."
>
> Ralph Waldo Emerson (1803–1882)

Você precisa *se sentir bem* a respeito do dinheiro para atrair mais dele para si. Compreensivelmente, quando não têm dinheiro suficiente, as pessoas não se sentem bem a respeito dele pelo simples fato de não terem o bastante. Mas esses sentimentos negativos a respeito do dinheiro estão impedindo-o de atrair mais dinheiro para si! Você precisa interromper esse círculo vicioso, e a maneira de fazer isso é sentir-se bem a respeito do dinheiro e ser grato por aquilo que tem. Comece a dizer e *sentir* o seguinte: "Eu tenho mais do que o suficiente." "Uma abundância de dinheiro está vindo em minha direção." "Sou um ímã que atrai dinheiro." "Adoro o dinheiro e o dinheiro me adora." "Estou recebendo dinheiro todos os dias." "Obrigado. Obrigado. Obrigado."

Dê Dinheiro para Poder Recebê-lo

Dar é uma atitude poderosa para atrair mais dinheiro para a sua vida, pois ao dar você está dizendo: "Eu tenho de sobra." Portanto, não é de surpreender que as pessoas mais ricas do planeta sejam também os maiores filantropos. Elas dão quantias vultosas de dinheiro e, ao dá-las, pela lei da atração, as comportas do Universo se abrem e devolvem a elas quantias vultosas de dinheiro – multiplicadas!

Se você está pensando "não tenho dinheiro suficiente para dar", bingo! Agora você sabe por que não tem dinheiro suficiente! Sempre que pensar que não tem dinheiro suficiente para dar, comece a dá-lo. Quando demonstra sua fé no ato de dar, a lei da atração deve obrigatoriamente lhe oferecer mais para tanto.

Há uma grande diferença entre dar e se sacrificar. Dar de coração faz você se sentir bem. Sacrificar-se, não. Não confunda as duas coisas – elas são diametralmente opostas. Uma emite um sinal de escassez, a outra emite um sinal de que você tem mais do que o suficiente. Uma faz você se sentir bem, a outra faz você se sentir mal. Sacrifícios muitas vezes geram ressentimento com o passar do tempo. Por outro lado, pouca coisa lhe trará tanta alegria quanto dar de coração, e a lei da atração captará esse sinal e trará mais ainda para a sua vida. Você irá *sentir* a diferença.

JAMES RAY

Conheço muitas pessoas que ganham uma quantidade exorbitante de dinheiro, mas seus relacionamentos são péssimos. E isso não é abundância. Você pode correr atrás do dinheiro e talvez até fique rico, mas isso não garante que terá abundância. Não estou sugerindo que o dinheiro não faça parte dela; é claro que faz. Mas ele é apenas uma parte.

Também conheço um monte de gente que é "espiritualizada", mas está sempre doente e falida. Isso também não é abundância. A vida foi feita para ser abundante – em todos os aspectos.

Se você foi criado para acreditar que a riqueza é o oposto da espiritualidade, então recomendo vivamente que leia a série de livros *Os milionários da Bíblia*, de Catherine Ponder. Nestes livros gloriosos você descobrirá que Abraão, Isaque, Jacó, José, Moisés e Jesus não eram apenas mestres da prosperidade, como também milionários cujos estilos de vida eram mais luxuosos do que muitos dos milionários da atualidade poderiam imaginar.

Você é o herdeiro do reino deles. A prosperidade é seu direito de nascença, e você tem a chave para mais abundância – em cada área da sua vida – do que poderia imaginar. Você merece tudo de bom que desejar, e o Universo lhe dará as coisas boas que você quiser, mas você precisa invocá-las para sua vida. Agora você conhece O Segredo. Tem a chave. A chave são seus pensamentos e sentimentos, e você a tem segurado nas mãos durante toda a sua vida.

Marci Shimoff

Em nossa cultura ocidental, muitas pessoas estão em busca do sucesso. Elas querem uma bela casa, querem ser bem-sucedidas profissionalmente, querem todas essas coisas externas. Mas nossa pesquisa revelou que ter essas coisas externas não necessariamente nos garante o que realmente queremos, que é a felicidade. Então, buscamos essas coisas externas pensando que elas nos trarão a felicidade, quando deveríamos fazer o contrário. Você precisa buscar a alegria, a paz e a visão internas antes, e então todas as coisas externas que deseja surgirão.

Tudo o que você quer vem de dentro! O mundo externo é o mundo dos efeitos; ele é apenas o resultado dos seus pensamentos. Sintonize seus pensamentos e sua frequência à felicidade. Irradie os sentimentos de felicidade e alegria que existem dentro de você, transmita-os para o Universo com todas as suas forças e você experimentará o verdadeiro paraíso terrestre.

Resumindo O Segredo

- *Para atrair dinheiro, concentre-se na abundância. É impossível atrair mais dinheiro para a sua vida quando você se concentra na escassez dele.*

- *Uma dica útil é usar sua imaginação e fazer de conta que você já tem o dinheiro que deseja. Se você fizer de conta que possui riqueza, se sentirá melhor a respeito do dinheiro; ao se sentir melhor a respeito dele, irá atrair mais dinheiro para a sua vida.*

- *Sentir-se feliz agora é a maneira mais rápida de atrair dinheiro para a sua vida.*

- *Olhe para tudo o que gosta e diga para si mesmo: "Eu tenho dinheiro para isso. Posso comprar isso." Isso mudará sua maneira de pensar e você passará a se sentir melhor a respeito do dinheiro.*

- *Dê dinheiro para trazer mais dele para a sua vida. Quando você é generoso com o dinheiro e se sente bem ao dá-lo, você está dizendo: "Eu tenho dinheiro de sobra."*

- *Visualize cheques chegando para você pelo correio.*

- *Leve a balança dos seus pensamentos a pender para a riqueza. Tenha pensamentos de abundância.*

O Segredo para os Relacionamentos

Marie Diamond

Consultora de feng shui, mestre e palestrante

O Segredo significa que nós somos os criadores do nosso Universo, e que cada desejo que quisermos criar se manifestará em nossas vidas. Portanto, nossos desejos, pensamentos e sentimentos são muito importantes, pois eles se manifestarão.

Certa vez fui à casa de um produtor de cinema muito famoso. Em cada canto havia uma linda imagem de mulher seminua, envolvida em um pano, que se virava na direção oposta de quem a via, como se dissesse: "Não vejo você." Eu falei: "Você tem problemas em sua vida amorosa?" Ele disse: "Você é vidente?" "Não, mas olhe só, em sete lugares diferentes, você tem essa mesma mulher." Ele falou: "Mas adoro esses quadros. Eu os pintei." Então eu disse: "Pior ainda, pois você empenhou todo o seu poder de criação e sensibilidade neles."

Ele era um homem muito bonito, que vivia cercado de atrizes por conta do seu trabalho, mas sua vida amorosa era um fracasso. Eu lhe perguntei: "O que você quer?" "Quero sair com três mulheres por semana." "Certo", falei, "então pinte isso. Pinte a si mesmo com três mulheres e espalhe os quadros por toda a sua casa."

Voltei a encontrá-lo seis meses depois e perguntei: "Então, como anda sua vida amorosa?" "Excelente! Muitas mulheres querem sair comigo." "É porque esse é o seu desejo", falei. "Estou me sentindo ótimo. Há anos não tinha um encontro, e agora tenho três por semana." "Que bom", disse eu. Então ele acrescentou: "Agora, quero sossegar. Quero me casar, me apaixonar." "Ora, então pinte isso", falei. Ele pintou uma linda cena romântica, e um ano depois se casou e é muito feliz.

Isso aconteceu porque ele colocou outro desejo para fora. Por dentro, ele passara anos desejando isso, mas sem sucesso, pois seu desejo não podia se manifestar. O nível externo da sua existência – a casa dele – contradizia seu desejo o tempo todo. Quando você entende e assimila esse conhecimento, pode começar a manipulá-lo a seu favor.

A história de Marie Diamond sobre seu cliente é uma demonstração perfeita de como o feng shui reflete os ensinamentos do Segredo. Ela ilustra como nossos pensamentos têm o poder de criar quando os colocamos em ação. Toda ação deve ser precedida por um pensamento. Pensamentos criam as palavras que falamos, nossos sentimentos e nossas atitudes. As ações são especialmente poderosas, porque são pensamentos que nos *impulsionaram* a agir.

Às vezes nem mesmo percebemos quais são nossos pensamentos mais profundos, mas podemos determinar quais foram eles ao analisar as atitudes que tomamos. Na história do produtor de cinema, eles eram espelhados por suas ações e pelo ambiente ao seu redor. Ele havia pintado várias mulheres, todas dando-lhe as costas. No fundo, era isso que ele pensava. Embora falasse que queria sair com mais mulheres, seus pensamentos mais profundos, que os quadros representavam, não refletiam isso. Ao escolher deliberadamente mudar de atitude, ele pôde concentrar seus pensamentos no que queria. Graças a essa simples mudança, ele foi capaz de pintar sua vida e torná-la realidade por meio da lei da atração.

Quando quiser atrair algo para sua vida, certifique-se de que suas atitudes não contradigam seus desejos. Mike Dooley, um dos mestres apresentados em *The Secret – O Segredo*, nos oferece um dos mais extraordinários exemplos disso em seu curso *Influenciando o Universo e Usando a Magia*. Ele conta a história de uma mulher que queria atrair o homem dos seus sonhos para sua vida. Ela já havia feito todas as coisas certas: deixado claro em sua mente como queria que ele fosse, criado uma lista detalhada de suas qualidades e o visualizado em sua vida. Mesmo assim, não havia sinal dele.

Um belo dia, voltando para casa, ao estacionar o carro bem no meio da garagem, ela percebeu que suas ações estavam contradizendo o que ela queria. Se o seu carro estava bem no meio da garagem, não havia espaço para o homem dos seus sonhos! Suas ações estavam dizendo ao Universo que ela não acreditava que iria receber aquilo que pedira. Imediatamente, ela esvaziou a garagem e estacionou seu carro em um dos cantos, deixando espaço para o carro do homem dos seus sonhos no outro. Então, foi até o quarto e abriu o armário, que estava entulhado de roupas. Ela as reorganizou para abrir espaço para ele. Costumava dormir no meio da cama, portanto, passou a dormir do lado "dela", deixando espaço para o parceiro.

Esta mulher contou sua história a Mike Dooley durante um jantar, e sentado à mesa ao seu lado estava o homem dos seus sonhos. Após tomar todas essas atitudes poderosas e agir como se já tivesse recebido o homem dos seus sonhos, ele surgiu em sua vida e os dois estão casados e felizes.

Outro exemplo simples de "agir como se..." é a história da minha irmã Glenda, que é a produtora executiva do filme *The Secret – O Segredo*. Na época, ela vivia e trabalhava na Austrália, mas queria se mudar para os Estados Unidos e trabalhar em nosso escritório de lá. Glenda conhecia O Segredo muito bem, de modo que estava fazendo todas as coisas certas para atrair o que queria, mas os meses passavam e ela continuava na Austrália.

Glenda analisou suas atitudes e percebeu que não estava "agindo como se" estivesse recebendo o que queria. E começou a tomar atitudes poderosas. Organizou sua vida como se estivesse de partida. Cancelou inscrições, deu coisas de que não precisaria mais, pegou as malas de viagem e pôs-se a arrumá-las. Em quatro semanas, ela estava nos Estados Unidos, trabalhando em nosso escritório de lá.

Pense naquilo que pediu e certifique-se de que suas atitudes estejam espelhando o que espera receber, e não contradizendo os seus desejos. Aja como se estivesse recebendo o que quer. Faça exatamente o que faria se o recebesse hoje, e tome atitudes em sua vida que reflitam essa poderosa expectativa. Abra espaço para receber seus desejos e, ao fazer isso, você estará emitindo um sinal potente de expectativa para o Universo.

Você É Responsável por Si Mesmo

LISA NICHOLS

Nas relações afetivas, é importante primeiro entender quem está entrando no relacionamento, e não estou falando apenas do seu parceiro. Antes de tudo, você precisa entender a si mesmo.

JAMES RAY

Como você espera que outra pessoa goste da sua companhia se você mesmo não gosta dela? Mais uma vez, a lei da atração, ou O Segredo, trará isso para sua vida. Você precisa deixar isso muito claro. Peço que reflita: você trata a si mesmo da maneira como quer ser tratado pelas outras pessoas?

Quando você não trata a si mesmo da forma como quer ser tratado pelas outras pessoas, é impossível mudar a maneira como as coisas são. As suas atitudes são os seus pensamentos poderosos, de modo que, se você não se tratar com amor e respeito, estará emitindo um sinal de que não é importante, digno ou merecedor o suficiente. Esse sinal continuará a ser transmitido, e você passará por mais situações em que as pessoas o tratam mal.

As pessoas são apenas o efeito. Os seus pensamentos são a causa. Você precisa começar a se tratar com amor e respeito, emitir esse sinal e entrar nessa frequência. Então a lei da atração irá mobilizar todo o Universo, e sua vida passará a ser repleta de pessoas que amam e respeitam você.

Muitos de nós nos sacrificamos pelo próximo por acreditar que esse sacrífico nos torna boas pessoas. Ledo engano! Sacrifícios derivam única e exclusivamente de pensamentos de escassez, pois são como dizer: "Não há o suficiente para todos, então vou ficar sem." Essa não é uma emoção que faça você se sentir bem, e, com o passar do tempo, causará ressentimento. Há abundância para todos e cada pessoa tem a responsabilidade de evocar seus próprios desejos. Você não pode evocá-los por outras pessoas, pois não pode pensar e sentir por elas. Você é responsável por si mesmo. Quando sentir-se bem for sua prioridade, essa frequência magnífica será irradiada e afetará todos os que estiverem ao seu redor.

DR. JOHN GRAY

Você é a solução para si mesmo. Não aponte para outra pessoa e diga "agora você me deve e precisa me dar mais". Em vez disso, dê mais para si mesmo. Dedique um tempo apenas para fazer isso, no sentido de se preencher ao máximo e, quando estiver transbordando, poder dar ao próximo.

"Para receber amor (...) encha-se dele até se tornar um ímã."

Charles Haanel

Muitos de nós fomos ensinados a nos colocar por último; por conta disso, atraímos a sensação de que não somos dignos ou merecedores o suficiente. Quando deixamos esses sentimentos se enraizarem dentro de nós, continuamos a atrair mais situações de vida que fazem com que nos sintamos mais indignos e não merecedores. Você precisa mudar essa mentalidade.

> "Certamente, para alguns a ideia de dar tanto amor a si mesmo pode parecer fria, dura e impiedosa. Mas essa questão pode ser vista de outra perspectiva, quando descobrimos que 'olhar por Si', conforme demonstrado pelo Infinito, é na verdade 'olhar pelo Outro', além de ser a única maneira de beneficiar o Outro de forma permanente."
>
> Prentice Mulford

Se você não se preencher primeiro, não terá nada para dar a ninguém. Portanto, é fundamental que cuide primeiro de si. Coloque a sua felicidade em primeiro lugar. As pessoas são responsáveis por sua própria felicidade. Quando você procura ser feliz e se sentir bem com o que faz, estar ao seu lado é uma alegria e você se torna um exemplo maravilhoso para todos em sua vida, crianças e adultos. Quando está feliz, você nem precisa pensar em dar ao próximo. Acontece naturalmente.

LISA NICHOLS

Eu tive muitos relacionamentos em que esperava que meu parceiro mostrasse a minha beleza para mim, pois eu mesma não conseguia vê-la. Quando era criança, minhas heroínas eram a Mulher Biônica, a Mulher-Maravilha e as Panteras. Por mais que fossem maravilhosas, elas não se pareciam nada comigo. Somente depois que me apaixonei pela Lisa – por minha pele escura, meus lábios carnudos, meu quadril largo, meus cabelos negros enrolados –, somente depois disso é que o resto do mundo também pôde se apaixonar por mim.

O maior motivo para amar a Si Mesmo é que é impossível se sentir bem se você não Se ama. Quando se sente mal a respeito de si mesmo, está bloqueando todo o amor e todo o bem que o Universo reservou para você.

Quando você se sente mal a seu respeito, a sensação que tem é que a sua vida está sendo sugada de dentro de você, pois tudo de bom em cada área dela – incluindo sua saúde, condição financeira e vida amorosa – está em sintonia com a frequência de se sentir feliz e bem. A sensação de ter um estoque inesgotável de energia, e aquela sensação maravilhosa de saúde e bem-estar, tudo isso está na frequência de se sentir bem. Quando você não se sente bem a seu respeito, está sintonizado à frequência que atrai mais pessoas, situações e circunstâncias que continuarão a fazer você se sentir assim.

Você precisa mudar de foco e começar a pensar em todas as coisas que são maravilhosas a seu respeito. Procure pelo que existe de positivo em Você. Ao se concentrar nessas coisas, a lei da atração lhe mostrará mais coisas ótimas em Você. Você atrai aquilo em que pensa. Tudo o que precisa fazer é começar com um pensamento prolongado sobre algo de bom a seu respeito, e a lei da atração irá retribuir trazendo-lhe mais pensamentos *semelhantes*. Procure pelas coisas boas que existem em Você. Busque e encontrará!

BOB PROCTOR

Existe algo de magnífico em você. Há 44 anos que venho estudando a mim mesmo. Às vezes, tenho vontade de me encher de beijos! Você também começará a se amar. Não estou falando de arrogância. Estou falando de um respeito saudável por si mesmo. Se você se amar, amará automaticamente as outras pessoas.

MARCI SHIMOFF

Estamos habituados a reclamar das outras pessoas em nossos relacionamentos. Por exemplo: "Meus colegas de trabalho são muito preguiçosos, meu marido me tira do sério, meus filhos são muito levados." O problema é sempre o outro. Mas, se quisermos que nossos relacionamentos funcionem, precisamos nos concentrar no que admiramos na outra pessoa, não em nossas queixas. Quando reclamamos dessas coisas, estamos apenas atraindo mais delas.

Mesmo que esteja passando por uma crise em algum de seus relacionamentos – as coisas não estão dando certo, vocês não estão se entendendo, alguém está sufocando você –, saiba que é possível salvá-lo. Pegue um pedaço de papel e, ao longo dos próximos 30 dias, anote todas as coisas que admira na pessoa em questão. Pense em todos os motivos que tem para amá-la. Você pode admirar, por exemplo, o seu senso de humor, ou todo o apoio que ela lhe dá. Ao fazer isso, irá descobrir que, quando se concentrar em admirar e reconhecer o que a outra pessoa tem de positivo, é isso que você passará a receber em maior quantidade, e seus problemas irão desaparecer.

Lisa Nichols

Geralmente você dá às outras pessoas a oportunidade de criar a sua felicidade, e muitas vezes elas não conseguem criá-la da maneira que você deseja. Por quê? Porque a única pessoa que tem controle sobre a sua alegria e seu bem-estar é você. Nem mesmo seus pais, seus filhos ou seu parceiro têm o poder de criar a sua felicidade. Eles podem apenas compartilhar dela. A sua alegria está dentro de você.

Toda a sua alegria está na frequência do amor – a mais sublime e poderosa frequência de todas. Você não pode segurar o amor nas mãos. Pode apenas *senti-lo* em seu coração. É um estado de ser. É possível ver provas do amor sendo expressadas através das pessoas, mas o amor é um sentimento, e você é a única pessoa capaz de irradiá-lo e emiti-lo. A sua capacidade de gerar sentimentos de amor é inesgotável, e quando você ama está em total e completa harmonia com o Universo. Ame tudo o que puder. Ame todos que puder. Concentre-se apenas nas coisas que ama, sinta o amor, e você verá esse amor e essa alegria serem devolvidos para você – multiplicados! A lei da atração deve obrigatoriamente lhe trazer de volta mais coisas para amar. Quando você irradia amor, é como se todo o Universo estivesse fazendo tudo para você e trazendo todas as coisas alegres e as boas pessoas para o seu caminho. E essa é a verdade.

Resumindo O Segredo

- *Quando quiser atrair um relacionamento, certifique-se de que seus pensamentos, palavras, atitudes e o ambiente à sua volta não contradigam os seus desejos.*

- *Você é responsável por si mesmo. Se você não se preencher primeiro, não terá nada para dar a mais ninguém.*

- *Trate a si mesmo com amor e consideração, e você atrairá pessoas que o tratarão com amor e consideração.*

- *Quando se sente mal a seu respeito, você bloqueia o amor e atrai, no lugar dele, mais pessoas e situações que continuam a fazer com que você se sinta mal a seu respeito.*

- *Concentre-se nas qualidades que admira em si mesmo e a lei da atração lhe mostrará mais coisas maravilhosas sobre você.*

- *Para fazer um relacionamento dar certo, concentre-se no que você admira na outra pessoa, e não em suas queixas sobre ela. Quando você se concentra no que ela tem de positivo, é isso que receberá de volta.*

O Segredo para a Saúde

Dr. John Hagelin

Físico quântico e especialista em políticas públicas

Nosso corpo é realmente produto dos nossos pensamentos. Estamos começando a compreender, nas ciências médicas, até onde a natureza de nossos pensamentos e emoções pode determinar a consistência física, a estrutura e o funcionamento de nossos corpos.

Dr. John Demartini

Nós já conhecemos as propriedades medicinais de um efeito placebo. Um placebo é algo que não deveria ter impacto ou efeito algum no corpo, como um comprimido de açúcar.

Você diz ao paciente que ele é tão eficaz quanto o medicamento, e o que acontece é que às vezes o placebo tem realmente o mesmo efeito, ou até um efeito maior, que o medicamento que deveria surti-lo. Isso revela que a mente humana é o fator mais importante nos processos de cura, às vezes mais importante até do que a própria medicação.

À medida que começar a tomar consciência da magnitude do Segredo, você começará a ver com mais clareza a verdade por trás de certos acontecimentos na história da humanidade, incluindo a área da saúde. O efeito placebo é um fenômeno poderoso. Se um paciente *pensar* e realmente *acreditar* que um comprimido pode curá-lo, ele *receberá* aquilo em que *acredita* e será curado.

DR. JOHN DEMARTINI

Se uma pessoa estiver doente, em vez de usar um medicamento, ela tem a alternativa de explorar o que em sua mente pode estar causando essa doença, mas, se for um caso grave que pode realmente levá-la à morte, é claro que tomar o medicamento é a coisa sensata a fazer, ao mesmo tempo que ela continua explorando sua mente em busca da causa. Não devemos negar o poder dos medicamentos. Cada forma de cura tem o seu lugar.

A cura através da mente pode trabalhar em harmonia com os medicamentos. Se houver dor envolvida, a medicação pode ajudar a eliminá-la, o que por sua vez permitirá à pessoa se concentrar com mais empenho em ficar saudável. "Pensar na saúde perfeita" é algo que qualquer pessoa pode fazer em seu íntimo, independentemente do que esteja acontecendo à sua volta.

LISA NICHOLS

O Universo é uma obra-prima de abundância. Se você se

abrir para sentir a abundância do Universo, experimentará o milagre, a alegria, a bênção e todas as coisas maravilhosas que ele tem a lhe oferecer: boa saúde, riqueza, bem-estar. Por outro lado, quando você se fecha através de pensamentos negativos, sentirá desconforto, dores, sofrimento e cada dia lhe parecerá um verdadeiro suplício.

DR. BEN JOHNSON

MÉDICO, ESCRITOR E LÍDER NA ÁREA DE CURA ENERGÉTICA

Há milhares de diagnósticos e doenças por toda parte. Mas esses são apenas os elos fracos da corrente. É tudo resultado de uma coisa: tensão. Se você colocar tensão demais na corrente e no sistema, então um dos elos irá se partir.

Toda a tensão e todo o estresse começam com um só pensamento negativo. Um pensamento fugiu ao seu controle e então trouxe consigo mais pensamentos como ele, até a tensão se manifestar. O efeito é a tensão, mas a causa foi o pensamento negativo, e tudo começou com um só pensamento. Mas não importa o que você tenha manifestado, você pode mudar isso... com um pequeno pensamento positivo depois do outro.

DR. JOHN DEMARTINI

Nossa fisiologia cria doenças para nos dar um feedback, para nos avisar que nossa perspectiva está desequilibrada, ou que não estamos nutrindo amor e gratidão. De modo que esses alertas e sintomas do corpo não são nada de terrível.

O que o Dr. Demartini está nos dizendo é que o amor e a gratidão irão dissolver toda a negatividade em nossas vidas, qualquer que seja a forma que ela tenha assumido. O amor e a gratidão podem dividir mares, mover montanhas e criar milagres. E o amor e a gratidão podem curar qualquer doença.

MICHAEL BERNARD BECKWITH

A pergunta que sempre nos fazemos é: "Quando uma pessoa manifestou uma doença no templo do seu corpo ou algum tipo de desconforto em sua vida, isso pode ser revertido com o poder do pensamento 'positivo'?" E a resposta é sim, com toda a certeza.

Rir É o Melhor Remédio

CATHY GOODMAN, UMA HISTÓRIA PESSOAL

Eu fui diagnosticada com câncer de mama. No entanto, acreditava do fundo do coração, com a força da fé, que já estava curada. Todos os dias eu dizia: "Obrigada pela minha cura." E não parava de repetir: "Obrigada pela minha cura." Acreditava piamente que estava curada. Via a mim mesma como se o câncer nunca tivesse estado em meu corpo.

Uma das coisas que fiz para me curar foi assistir a filmes de comédia. Tudo o que fazíamos era rir, rir e rir mais um pouco. Não podíamos nos dar ao luxo de trazer nenhuma tensão para a minha vida, pois sabíamos que o estresse é uma das coisas mais prejudiciais para quem tenta se curar.

Cerca de três meses após o diagnóstico, eu estava curada. E isso sem nenhum tipo de radiação ou quimioterapia.

A linda e inspiradora história de Cathy Goodman demonstra três poderes magníficos em ação: o poder que a gratidão tem de curar, o poder de atração da fé e o poder que o riso e a alegria têm de dissolver doenças em nossos corpos.

Cathy foi inspirada a incluir o riso como parte do seu processo de cura após ouvir a história de Norman Cousins.

Norman tinha sido diagnosticado com uma doença "incurável". Os médicos lhe disseram que ele tinha poucos meses de vida. Norman então decidiu se curar. Durante três meses, tudo o que fez foi assistir a filmes de comédia e rir, rir e rir. A doença desapareceu do seu corpo nesses três meses, e os médicos disseram que sua recuperação tinha sido um milagre.

Ao rir, Norman expulsou toda a sua negatividade e, junto com ela, a doença. Rir é *mesmo* o melhor remédio.

DR. BEN JOHNSON

Todos nascemos com um programa básico instalado. Ele se chama "autorregeneração". Quando você se machuca, a ferida se fecha sozinha. Quando é infectado por uma bactéria, o seu sistema imunológico entra em ação e elimina a bactéria, curando-o. O sistema imunológico é feito para curar a si mesmo.

Bob Proctor

A doença não vive em um corpo que está num estado emocional saudável. Seu corpo descarta milhões de células por segundo, e também cria, ao mesmo tempo, milhões de células novas.

Dr. John Hagelin

Na verdade, partes dos nossos corpos são literalmente substituídas todos os dias. Outras partes levam meses para tanto, enquanto outras levam alguns anos. Mas, em poucos anos, todos temos um corpo físico novo em folha.

Se nossos corpos são totalmente substituídos em poucos anos, conforme comprovado cientificamente, então como a degeneração e a doença podem permanecer neles por anos a fio? Elas só podem ser mantidas ali por meio dos nossos pensamentos, da nossa concentração na doença e da atenção que damos a ela.

Tenha Pensamentos de Perfeição

Pense na perfeição. A doença não pode existir em um corpo que tem pensamentos harmoniosos. Saiba que existe apenas perfeição, e ao observá-la irá obrigatoriamente invocá-la para si. Pensamentos imperfeitos são a causa de todos os males da humanidade, incluindo doenças, pobreza e infelicidade. Quando temos pensamentos negativos, estamos nos privando da herança à qual temos direito. Declare e tenha a seguinte intenção: "Eu tenho pensamentos perfeitos. Vejo apenas perfeição. Sou perfeito."

Eu expulsei toda a rigidez e falta de agilidade do meu corpo. Concentrei-me em visualizar meu corpo como sendo tão flexível e perfeito quanto o de uma criança, e toda rigidez e dores nas juntas que eu sentia desapareceram. Fiz isso literalmente do dia para a noite.

Como pode ver, tudo em que acreditamos a respeito do envelhecimento está apenas em nossas mentes. A ciência demonstra que temos um corpo novo em folha em muito pouco tempo. Pensamentos sobre envelhecer são limitadores, então afaste-os de sua consciência e saiba que seu corpo tem apenas meses de idade, não importa quantos aniversários já tenha registrado em sua mente. Para o seu próximo aniversário, faça um favor a si mesmo e comemore-o como se fosse o seu primeiro! Não cubra o bolo com 60 velas, a não ser que queira invocar a velhice para a sua vida. Infelizmente, a sociedade ocidental tornou-se obcecada pela idade física, quando na verdade ela não existe.

Através dos seus *pensamentos*, você pode alcançar um estado de saúde perfeito, o corpo perfeito, o peso perfeito e a juventude eterna. Pode trazer tudo isso à realidade pensando consistentemente na perfeição.

Bob Proctor

Se você tiver uma doença, e ficar se concentrando nela, falando com as pessoas a respeito dela, irá criar mais células doentes. Visualize-se vivendo em um corpo perfeitamente saudável. Deixe que o seu médico se preocupe com a doença.

Uma das coisas que as pessoas mais fazem quando têm uma doença é falar sobre ela o tempo todo. É porque não conseguem pensar em outra coisa, de modo que estão apenas verbalizando seus pensamentos. Se estiver se sentindo um pouco adoentado, não fique falando no assunto – a não ser que queira piorar mais ainda. Saiba que seus pensamentos foram responsáveis por isso e repita o máximo que puder "Eu me sinto ótimo. Estou me sentindo muito bem", e sinta-se assim de verdade. Se não estiver se sentindo ótimo e alguém lhe perguntar como você está, apenas sinta-se grato por essa pessoa ter lembrado a você de pensar em se sentir bem. Suas palavras devem sempre refletir os seus desejos.

Você só pode "contrair" qualquer coisa se pensar que isso pode acontecer, e pensar dessa forma é o mesmo que convidá-la com os seus pensamentos. Você também está convidando doenças se ficar ouvindo pessoas falando sobre elas. Ao ouvi-las, está dedicando todos os seus pensamentos e concentração à doença, e, quando dá toda a sua atenção a algo, está pedindo-o para si. Além disso, certamente não está ajudando a pessoa em questão. Está, na verdade, acrescentando energia à doença dela. Se quiser mesmo ajudá-la, mude o assunto para coisas positivas, se puder; ou então vá embora. Enquanto se afasta, pense e sinta que está vendo essa pessoa bem, e então volte sua atenção para outras coisas.

LISA NICHOLS

Imagine duas pessoas, ambas sofrendo de alguma doença, mas uma decide se concentrar na felicidade. Escolhe viver repleta de esperança no futuro, concentrando-se nos motivos pelos quais deve ser feliz e grata. Então você tem a outra pessoa. Mesmo diagnóstico, mas ela decide se concentrar na doença, na dor e em sentir pena de si mesma.

BOB DOYLE

Quando uma pessoa se concentra no que há de errado e nos seus sintomas, ela irá perpetuar essa condição. Ela só começará a se curar depois que parar de se concentrar no fato de estar doente e se concentrar em estar bem. Pois é assim que funciona a lei da atração.

> "Não nos esqueçamos, nem por um instante, de que qualquer pensamento ruim significa literalmente colocar algo nocivo em nosso corpo."
>
> Prentice Mulford

DR. JOHN HAGELIN

Pensamentos mais felizes conduzem, essencialmente, a uma bioquímica mais feliz. A um corpo mais feliz e saudável. Já foi comprovado que pensamentos negativos e estresse prejudicam gravemente o corpo e o funcionamento do cérebro, pois são nossos pensamentos e emoções que estão continuamente reconstituindo, reorganizando e recriando o nosso corpo.

Não importa o que tenha manifestado em relação ao seu corpo, você pode mudar isso – tanto por dentro, quanto por fora. Comece a ter pensamentos felizes e comece a *ser* feliz. A felicidade é um estado de ser *emocional*. É como se o seu dedo estivesse pousado sobre o botão "sentir-se feliz". Pressione-o agora e mantenha o dedo firme em cima dele, independentemente do que estiver acontecendo à sua volta.

DR. BEN JOHNSON

Elimine o estresse fisiológico do seu corpo e ele fará o que foi feito para fazer. Ele se curará sozinho.

Você não precisa lutar para se recuperar de uma doença. O simples processo de se livrar dos pensamentos negativos permitirá que o seu estado natural de saúde venha à tona dentro de você. E o seu corpo curará a si mesmo.

MICHAEL BERNARD BECKWITH

Já vi rins se regenerarem. Já vi cânceres desaparecerem. Já vi pessoas recuperarem a visão.

Há três anos que eu vinha usando óculos de leitura antes de descobrir O Segredo. Certa noite, enquanto investigava as origens do conhecimento do Segredo ao longo dos séculos, eu me vi procurando pelos meus óculos para enxergar o que estava lendo. Foi então que parei de repente. A noção do que eu tinha feito me atingiu como um raio.

Eu tinha dado ouvidos à mensagem da sociedade de que a visão se deteriora com a idade. Tinha visto pessoas esticando os braços para conseguirem ler alguma coisa. Tinha dedicado meus pensamentos ao fato de que enxergamos cada vez pior à medida que envelhecemos, e, portanto, trouxe isso para mim. Eu sabia que poderia mudar qualquer coisa que tivesse se manifestado através dos meus pensamentos, então, na mesma hora, me imaginei enxergando tão bem quanto enxergava aos 21 anos. Visualizei a mim mesma em restaurantes escuros, em aviões e diante do computador, lendo perfeitamente e sem o menor esforço. Então, repeti várias vezes: "Minha vista é perfeita, minha vista é perfeita." Senti-me grata e entusiasmada por ter uma vista perfeita. Em três dias, minha visão estava recuperada e agora não uso mais óculos de leitura. *Minha vista é perfeita.*

Quando contei o que tinha feito ao Dr. Ben Johnson, um dos mestres do Segredo, ele me disse: "Você faz ideia do que teve que acontecer aos seus olhos para que você pudesse fazer isso em três dias?" Ao que eu respondi: "Graças a Deus, não, ou teria ficado com esse pensamento na cabeça! Eu só sabia que era possível, e que podia ser feito depressa." (Às vezes, quanto menos informação melhor!)

O próprio Dr. Johnson já havia eliminado uma doença "incurável" do corpo, de modo que a recuperação da minha visão não me pareceu nada de mais, comparada à sua história milagrosa. Na verdade, eu esperava que minha visão voltasse a ser perfeita da noite para o dia, então para mim três dias não foi nenhum milagre. Lembre-se: tempo e tamanho não existem para o Universo. É tão fácil curar uma espinha quanto qualquer doença. O processo é idêntico. A diferença está nas nossas mentes. Então, se você tiver atraído alguma enfermidade para você, reduza-a em sua mente ao tamanho de uma espinha, livre-se de todo e qualquer pensamento negativo e então se concentre na saúde perfeita.

Nada É Incurável

DR. JOHN DEMARTINI

Sempre digo que incurável significa "curável a partir de dentro".

Eu acredito e sei que nada é incurável. Em algum momento da história, todas as doenças supostamente incuráveis foram curadas. Em minha mente e no mundo que criei, "incurável" não existe. Há espaço de sobra para você neste mundo, então venha se juntar a mim e a todos os que já estão aqui. Este é um mundo em que "milagres" acontecem todos os dias. É um mundo que transborda com a mais completa abundância, onde *todas* as coisas boas existem agora, dentro de você. Parece um paraíso, não parece? E é.

MICHAEL BERNARD BECKWITH

Você pode mudar sua vida e pode curar a si mesmo.

MORRIS GOODMAN

ESCRITOR E PALESTRANTE INTERNACIONAL

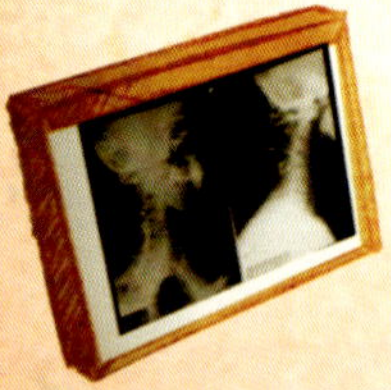

Minha história começa no dia 10 de março de 1981. Este dia mudou minha vida para sempre. Nunca mais o esquecerei. Foi o dia em que sobrevivi à queda de um avião. Quando cheguei ao hospital, estava totalmente paralisado. Minha medula espinhal estava estraçalhada, eu quebrara as duas primeiras vértebras

cervicais. Tinha perdido o reflexo de engolir, não podia comer ou beber, meu diafragma estava destruído e eu não conseguia respirar. Tudo o que podia fazer era piscar os olhos. Os médicos, naturalmente, disseram que eu seria um vegetal pelo resto da vida. Piscar os olhos seria o máximo que conseguiria fazer. Essa era a imagem que eles faziam de mim, mas o que eles pensavam não fazia diferença. O importante era o que eu pensava. Eu me visualizei como uma pessoa normal outra vez, saindo andando daquele hospital.

A única coisa com que podia trabalhar no hospital era a mente, e quando você tem controle sobre a sua mente, você pode consertar tudo.

Eu estava ligado a um respirador e eles disseram que eu jamais voltaria a respirar sozinho, pois meu diafragma tinha sido destruído. Mas uma voz insistia em me dizer: "Respire fundo, respire fundo." Com o passar do tempo, pude ser retirado do respirador. Os médicos não souberam explicar como. Eu não podia me dar ao luxo de deixar que qualquer coisa entrasse em minha mente e me distraísse do meu objetivo e da minha visão.

A minha meta era sair do hospital no Natal. E foi o que fiz. Saí andando dali com meus próprios pés. Os médicos disseram que isso seria impossível. Nunca me esquecerei deste dia.

Para qualquer pessoa que estiver sofrendo neste momento, posso dizer que, se eu quisesse resumir minha vida e mostrar às pessoas o que elas são capazes de fazer, diria apenas seis palavras: "Você se torna o que pensa."

Morris Goodman é conhecido como o Homem-Milagre. Sua história foi escolhida para *The Secret – O Segredo* porque ela demonstra o poder incomensurável e o potencial ilimitado da mente humana. Morris conhecia o poder que havia dentro dele de trazer à realidade aquilo em que ele escolhesse pensar. Tudo é possível. A história de Morris Goodman inspirou milhares de pessoas a pensar, imaginar e *sentir* que podem recuperar sua saúde. Ele transformou o maior desafio da sua vida em seu maior presente.

Desde que *The Secret – O Segredo* foi lançado, nós temos recebido uma enxurrada de relatos de milagres em que vários tipos de doenças desapareceram dos corpos das pessoas depois que elas assistiram ao filme. Tudo é possível se você acreditar.

Para fechar o tópico saúde, gostaria de deixá-lo com as palavras esclarecedoras do Dr. Ben Johnson: "Estamos entrando na era da medicina energética. Tudo no Universo possui uma frequência, e tudo o que você precisa fazer é mudar sua frequência atual ou criar uma frequência oposta. É simples assim mudar qualquer coisa no mundo; e isso se aplica a doenças, problemas emocionais ou o que quer que seja. Isto é fenomenal. É a descoberta mais importante que já fizemos."

Resumindo O Segredo

- *O efeito placebo é um exemplo da lei da atração em funcionamento. Quando um paciente acredita que um comprimido irá curá-lo, ele recebe aquilo em que acredita e é curado.*

- *"Concentrar-se em uma saúde perfeita" é algo que todos podemos fazer em nosso íntimo, independentemente do que esteja acontecendo ao nosso redor.*

- *O riso atrai alegria, libera a negatividade e leva a curas milagrosas.*

- *A doença permanece no corpo por meio do pensamento, da concentração na doença e da atenção que damos a ela. Se estiver se sentindo um pouco adoentado, não fique falando no assunto – a não ser que queira piorar mais ainda. Quando ouve outra pessoa falar sobre a própria doença, você estará acrescentado energia à doença dela. Em vez disso, mude o assunto para coisas positivas e concentre o poder dos seus pensamentos em vê-la bem de saúde.*

- *Tudo em que acreditamos a respeito do envelhecimento está apenas nossas mentes, então afaste esses pensamentos da sua consciência. Concentre-se na saúde e na juventude eterna.*

- *Não dê ouvidos às mensagens da sociedade sobre as doenças e o envelhecimento. Mensagens negativas não lhe servem de nada.*

CIVIC

O Segredo para o Mundo

Lisa Nichols

As pessoas tendem a olhar para as coisas que querem e dizer: "Eu gosto disso. Quero isso para mim." Mas também olham para as coisas que não querem e dedicam a elas a mesma quantidade de energia, se não mais, achando que assim poderão eliminá-las, derrotá-las ou destruí-las. Em nossa sociedade, nós nos contentamos em lutar contra essas coisas. Lutamos contra o câncer, contra a pobreza, contra a guerra, contra as drogas, contra o terrorismo, contra a violência. Nossa tendência é entrar em conflito contra tudo o que não queremos, o que na verdade gera mais conflitos.

Hale Dwoskin

Mestre e autor de *The Sedona Method*

Nós criamos tudo aquilo em que nos concentramos. Então, se estivermos com muita raiva, por exemplo, de uma guerra que esteja ocorrendo, de algum conflito ou sofrimento, estaremos acrescentando nossa energia a essa coisa. Estaremos indo contra ela, e isso só pode gerar uma resistência.

"Aquilo a que você resiste, persiste."

Carl Jung (1875–1961)

BOB DOYLE

O motivo que faz aquilo a que você resiste persistir é que, quando está resistindo a algo, você está dizendo: "Não, não quero isso porque faz com que eu me sinta desta forma, da maneira que estou me sentindo agora." Então, você está emitindo uma emoção muito forte de "não gosto do que estou sentindo", e é esta emoção que vem correndo em sua direção.

Resistir a qualquer coisa é como tentar mudar as imagens externas depois que elas já foram transmitidas. É um esforço inútil. Você precisa voltar para dentro de si e emitir um novo sinal com seus pensamentos e sentimentos para criar novas imagens.

Quando resiste ao que se manifestou, você está acrescentando mais energia e poder às imagens de que não gosta, e está trazendo mais delas em um ritmo alucinado. Assim, o acontecimento ou circunstância ficará mais grave, pois esta é a lei do Universo.

JACK CANFIELD

O movimento contra a guerra gera mais guerra. O movimento contra as drogas gerou mais drogas. Pois estamos nos concentrando no que não queremos – drogas!

Lisa Nichols

As pessoas acreditam que, se quiserem realmente eliminar algo, devem se concentrar nisso. Qual o sentido de dedicar a um determinado problema toda a sua energia, em vez de se concentrar na confiança, no amor, na abundância, na educação ou na paz?

Jack Canfield

Madre Teresa era genial. Ela disse: "Jamais irei a uma manifestação contra a guerra. Convidem-me quando houver uma manifestação pela paz." Ela sabia. Ela compreendia O Segredo. Veja o que ela mostrou ao mundo.

Hale Dwoskin

Portanto, se você for contra a guerra, em vez disso defenda a paz. Se for contra a fome, seja a favor de que as pessoas tenham mais do que o suficiente para comer. Se for contra um político em especial, seja a favor do seu adversário. Muitas vezes as eleições são vencidas pelo candidato mais repudiado pela população, pois ele está recebendo toda a energia e toda a atenção.

Tudo neste mundo começou com um pensamento. Questões graves ficam ainda mais graves porque mais pessoas concentram seus pensamentos nelas depois que elas surgem. Então esses pensamentos e emoções fazem com que aquele fato continue a existir para nós, tornando-o ainda mais grave. Se o expulsássemos das nossas mentes e, em vez disso, nos concentrássemos no amor, ele não poderia existir. Ele evaporaria e desapareceria em pleno ar.

"Lembre-se disto, e esse é um dos conceitos mais difíceis de assimilar – e ao mesmo tempo um dos mais fascinantes. Lembre-se de que, não importa qual seja a dificuldade, não importa onde ela esteja ou quem seja afetado por ela, você só precisa cuidar de si mesmo; sua única tarefa é se convencer da verdade que deseja ver manifestada."

Charles Haanel

Jack Canfield

Não há problema em perceber o que você não quer, pois isso lhe dá o poder de comparação necessário para dizer: "É isto que eu quero." Mas a questão é, quanto mais você falar sobre o que não quer, ou sobre como o que não quer é ruim, e ficar lendo a respeito disso o tempo todo e dizendo o quanto é terrível... bem, você irá criar mais dessa mesma coisa.

Você não pode ajudar o mundo concentrando-se nas coisas negativas. Quando se concentra no mal que há no mundo, você não só o faz aumentar, como traz mais coisas negativas para a sua própria vida.

Quando as imagens de algo que você não quer surgirem, esta é a sua deixa para mudar seus pensamentos e emitir um novo sinal. Se for uma situação mundial, você não está de mãos atadas. Você tem *todo* o poder. Concentre-se na felicidade para todos. Concentre-se na abundância de alimentos. Dedique o poder dos seus pensamentos àquilo que é desejado. Você pode oferecer muito ao mundo emitindo sentimentos de amor e bem-estar, independentemente do que esteja acontecendo ao seu redor.

JAMES RAY

As pessoas vivem me dizendo: "Ora, James, eu preciso me manter informado." Sim, você precisa ficar a par das notícias, mas não precisa ser soterrado por elas.

Quando descobri O Segredo, tomei a decisão de que não iria mais assistir ao noticiário ou ler jornais, pois eu não me sentia bem ao fazer estas coisas. É claro que as agências de notícias e os jornais não podem ser culpados por transmitirem notícias ruins. Nós, como comunidade global, somos os responsáveis por isso. Compramos mais jornais quando uma tragédia está nas manchetes. O ibope dos canais de notícia dispara quando há algum desastre nacional ou internacional. Portanto, os jornais e as agências de notícias nos trazem mais notícias ruins, pois, como sociedade, é isto que estamos dizendo que queremos receber. A mídia é o efeito, e nós somos a causa. Isso é simplesmente a lei da atração em funcionamento.

As agências de notícias e os jornais mudarão aquilo que transmitem para nós quando passarmos a emitir um novo sinal e nos concentrarmos naquilo que queremos.

MICHAEL BERNARD BECKWITH

Aprenda a ficar sereno, e afaste sua atenção daquilo que não quer e de toda a carga emocional ao redor disso, e transfira sua atenção para aquilo que deseja experimentar... A energia flui para onde a atenção estiver apontando.

"Pense verdadeiramente, e os seus pensamentos saciarão a fome do mundo."

Horatio Bonar (1808–1889)

Está vendo que poder fenomenal você possui neste mundo pelo simples fato de existir? Quando se concentra nas coisas boas, você se sente bem e está trazendo mais coisas boas para o mundo. Ao mesmo tempo, está trazendo mais coisas boas para a sua própria vida. Quando se sente bem, você exalta sua vida e exalta o mundo!

A lei é a perfeição em funcionamento.

DR. JOHN DEMARTINI

Como sempre digo, quando a voz e a visão internas se tornam mais profundas, claras e altas do que as opiniões externas, é porque você passou a dominar a sua vida!

LISA NICHOLS

Não é seu trabalho mudar o mundo nem as pessoas ao seu redor. O seu trabalho é entrar em sintonia com o fluxo do Universo, e celebrá-lo no mundo que existe ao seu redor.

Você é o mestre da sua vida, e o Universo está respondendo a todas as suas ordens. Não fique hipnotizado pelas imagens que surgirem se elas não forem o que você quer. Assuma a responsabilidade por elas, minimize sua importância se puder, e então livre-se delas. Depois, tenha novos pensamentos sobre o que você quer, sinta-os e seja grato por isso.

O Universo É Abundante

DR. JOE VITALE

Uma das perguntas que as pessoas me fazem o tempo todo é: Se todos usarem O Segredo e tratarem o Universo como um catálogo, o estoque dele não vai acabar se esgotando? Se todo mundo sair pegando o quanto quiser, o banco não vai falir?

MICHAEL BERNARD BECKWITH

A beleza do ensinamento do Segredo é que há mais do que o suficiente para todos.

Existe uma mentira que é como um vírus inoculado na mente humana. E essa mentira é a seguinte: "Não há o suficiente para todos. O que há é escassez, limitações e carência." E essa mentira torna as pessoas medrosas, gananciosas e mesquinhas. E esses pensamentos de medo, ganância, mesquinhez e carência se tornam sua experiência de vida. É como se o mundo não conseguisse despertar de um pesadelo.

A verdade é que há mais do que o suficiente para todos. Há uma abundância de ideias criativas. Uma abundância de poder. Uma abundância de amor. Uma abundância de alegria. E tudo isso começa a se manifestar por meio de uma mente que tem consciência de sua própria natureza infinita.

Pensar que não existe o suficiente é como olhar para as imagens externas e achar que tudo vem de fora. Quando você faz isso, vê escassez e limitações. Mas agora você sabe que nada do que existe vem de fora; tudo parte dos pensamentos e sentimentos que carregamos dentro de nós. Sua mente é o poder criativo de todas as coisas. Então como pode haver escassez? É impossível. Sua capacidade de pensar é ilimitada e as coisas que pode trazer à existência por meio de seus pensamentos são igualmente ilimitadas. E isso vale para qualquer pessoa. Quando você *sabe* disso, está pensando com uma mente consciente da sua própria natureza infinita.

JAMES RAY

Cada grande mestre que já andou pela Terra afirmou que a vida foi feita para ser abundante.

> "A essência da lei é que você deve pensar de forma abundante; ver abundância; sentir abundância; acreditar na abundância. Não permita que nenhum pensamento de escassez chegue à sua mente."
>
> Robert Collier

JOHN ASSARAF

E então, justo quando pensamos que os recursos estão ficando escassos, nós encontramos novos recursos capazes de alcançar os mesmos resultados.

A história verídica da equipe de prospecção de petróleo de Belize é um exemplo inspirador do poder que a mente humana possui de obter recursos. Os diretores da empresa do setor de energia Belize Natural Energy Limited foram orientados pelo famoso

Dr. Tony Quinn, especialista em treinamento na área de Fisiologia Humanística. Graças ao programa de treinamento do Dr. Quinn, os diretores estavam confiantes de que sua visualização de Belize como um grande produtor de petróleo seria alcançada. Eles deram um corajoso passo à frente e começaram a perfurar uma jazida petrolífera na cidade de Spanish Lookout. Em apenas um ano, seu sonho e sua visão se tornaram realidade. A Belize Natural Energy Limited descobriu óleo da melhor qualidade, em reservas abundantes, que outras 50 companhias não tinham sido capazes de encontrar. Belize se tornou um país produtor de petróleo graças a uma equipe extraordinária de pessoas que acreditavam no poder ilimitado de suas mentes.

Nada é limitado – quer sejam os nossos recursos, ou qualquer outra coisa. A única limitação está na mente humana. Quando abrirmos nossas mentes para o poder criativo ilimitado, evocaremos a abundância e passaremos a ver e experimentar um novo mundo.

DR. JOHN DEMARTINI

Quando dizemos que temos escassez, é porque não expandimos nossos horizontes para ver tudo o que existe à nossa volta.

DR. JOE VITALE

Quando as pessoas começam a viver de acordo com seus corações e buscam os seus desejos, elas não buscam as mesmas coisas. É aí que está a beleza disto. Nem todos queremos BMWs. Não queremos todos a mesma pessoa. Não queremos todos as mesmas experiências. Não queremos todos as mesmas roupas. Não queremos todos... (preencha a lacuna).

Você está aqui, neste planeta glorioso, e possui este poder extraordinário de criar a sua própria vida! Não há limites para o que pode criar para Você, pois sua capacidade de pensar é ilimitada. Mas você não pode criar as vidas das outras pessoas para elas. Não pode pensar por elas, e se tentar obrigar os outros a aceitarem suas opiniões, irá apenas atrair forças semelhantes para si. Então, deixe todas as outras pessoas criarem a vida que quiserem.

MICHAEL BERNARD BECKWITH

Há mais do que o suficiente para todos. Se você acreditar nisso, se puder ver isso, e se agir de acordo com isso, é isso que irá se revelar para você. Essa é a verdade.

> "Se lhe faltar algo, se você for vítima da pobreza ou da doença, é porque não acredita no poder que possui ou não o entende. Não é que o Universo não esteja lhe dando nada. Ele oferece tudo a todos – é imparcial."
>
> Robert Collier

O Universo oferece *todas* as coisas a *todas* as pessoas através da lei da atração. Você tem a capacidade de escolher o que quer experimentar. Você quer que haja o suficiente para você e para todos? Então escolha isso e saiba que "há uma abundância de todas as coisas", "o estoque é ilimitado" e "há uma imensa fartura". Cada um de nós tem a capacidade de acessar esse estoque ilimitado invisível por meio de nossos pensamentos e sentimentos, e trazê-lo para a nossa experiência de vida. Então escolha por Você, pois é o único que pode fazer isso.

LISA NICHOLS

Tudo o que você quiser – toda a felicidade, amor, abundância, prosperidade e alegria – está logo ali, ao alcance da sua mão. Mas você precisa desejar. Precisa querer de verdade. E quando estiver sentindo esse desejo e esse ardor pelo que quer, o Universo irá proporcionar tudo o que você ambiciona. Reconheça as coisas belas e maravilhosas que existem à sua volta, abençoe-as e louve-as. E, da mesma forma, não gaste sua energia com acusações e queixas em relação às coisas que não estão funcionando da maneira que você gostaria. Abrace tudo o que quer para que possa obter mais disso.

O sábio conselho de Lisa de que você deve "abençoar e louvar" as coisas à sua volta vale ouro. Louve e abençoe tudo em sua vida! Quando está louvando e abençoando, você está na frequência mais sublime do amor. Na Bíblia, os hebreus usavam o ato de abençoar para trazer saúde, riqueza e felicidade. Eles conheciam o poder da bênção. A maioria das pessoas não tem o hábito de abençoar, portanto, nunca se beneficiou por completo de um dos maiores poderes que existem. A definição de abençoar é "invocar a graça divina e conferir bem-estar ou prosperidade", então comece agora mesmo a invocar o poder da bênção em sua vida, e abençoe tudo e todos. O mesmo vale para louvar, pois, quando você está louvando alguém ou alguma coisa, está oferecendo amor – e, quando você emite essa frequência magnífica, ela retornará para você cem vezes mais forte.

O gesto de louvar e abençoar dissipa toda a negatividade, então louve e abençoe os seus inimigos. Se os amaldiçoar, a maldição voltará para prejudicar *você*. Quando os louvar e abençoar, você dissipará toda a negatividade e discórdia, e o amor do louvor e da bênção lhe será devolvido. Ao louvar e abençoar, você sentirá que está mudando para uma nova frequência com o feedback dos bons sentimentos.

Dr. Denis Waitley

A maioria dos líderes do passado ignorou uma parte importantíssima do Segredo, que é a de conferir poder às outras pessoas e compartilhá-lo com elas.

Este é o melhor período da História para se estar vivo. É a primeira vez que temos o poder de obter conhecimento nas pontas dos dedos.

Graças a esse conhecimento, você está se tornando consciente – da verdade sobre o mundo e sobre si mesmo. Obtive meus maiores insights sobre O Segredo aplicado ao mundo a partir dos ensinamentos de Robert Collier, Prentice Mulford, Charles Haanel e Michael Bernard Beckwith. Essa compreensão me trouxe uma liberdade total. Torço, sinceramente, para que você possa alcançar esse mesmo estado de liberdade. Se conseguir fazer isso, então, por meio de sua existência e do poder dos seus pensamentos, você trará o bem maior para este mundo e para o futuro de toda a humanidade.

Resumindo O Segredo

- *Aquilo a que você resiste, você atrai, pois suas emoções estão poderosamente concentradas nisto. Para mudar qualquer coisa, volte-se para dentro de si e emita um novo sinal por meio dos seus pensamentos e sentimentos.*

- *Você não pode ajudar o mundo concentrando-se nas coisas negativas. Quando se concentra no mal que há no mundo, você não só o faz aumentar, como traz mais coisas negativas para a sua própria vida.*

- *Em vez de se concentrar nos problemas do mundo, volte sua atenção e energia para a confiança, o amor, a abundância, a educação e a paz.*

- *Nós nunca ficaremos sem coisas boas, pois há mais do que o suficiente para todos. A vida foi feita para ser abundante.*

- *Você tem a capacidade de acessar esse estoque ilimitado por meio dos seus pensamentos e sentimentos, e de trazê-lo para a sua experiência de vida.*

- *Louve e abençoe tudo o que existe no mundo; assim, você dissipará a negatividade e a discórdia, e se sintonizará com a mais sublime das frequências – o amor.*

O Segredo para Você

DR. JOHN HAGELIN

Quando olhamos à nossa volta, até mesmo para os nossos corpos, o que vemos é apenas a ponta do iceberg.

BOB PROCTOR

Pense nisto por um momento. Olhe para a sua mão. Ela parece sólida, mas, na verdade, não é. Se olhar para ela através de um microscópio, verá que não passa de uma massa de energia em vibração.

JOHN ASSARAF

Tudo é feito exatamente da mesma coisa, quer seja sua mão, o oceano ou uma estrela.

DR. BEN JOHNSON

Tudo é energia, e deixe-me ajudá-lo a entender um pouco como isso funciona. Há o Universo, a nossa galáxia, o nosso planeta e há indivíduos; então, dentro dos corpos de cada um deles, sistemas de órgãos, células, moléculas e átomos. Por fim, existe a energia. De modo que são muitos os níveis que devemos levar em conta, mas tudo no Universo é energia.

Quando descobri O Segredo, eu quis saber o que a ciência e a física tinham a dizer a respeito deste conhecimento. O que descobri foi simplesmente fantástico. Uma das coisas mais empolgantes sobre a época em que vivemos é que as descobertas da física quântica e da nova ciência estão em total harmonia com os ensinamentos do Segredo e com o conhecimento de todos os grandes mestres da História.

Apesar de nunca ter estudado ciência ou física, quando leio obras complexas sobre física quântica, consigo entendê-las perfeitamente graças ao meu desejo de entendê-las. Estudar a física quântica me ajudou a entender O Segredo mais a fundo, em um nível energético. Muitas pessoas têm sua crença fortalecida ao verem a correlação perfeita entre o conhecimento do Segredo e as teorias da nova ciência.

Deixe-me explicar como você é a antena de transmissão mais poderosa do Universo. Para simplificar, toda energia vibra em uma frequência. Por ser energia, você também possui uma frequência de vibração; e o que a determina em qualquer instante são seus pensamentos e sentimentos. Todas as coisas que você quer são feitas de energia, e também estão em vibração. *Tudo* é energia.

O mais espantoso é o seguinte: quando você pensa no que quer e emite esta frequência, faz a energia do que quer vibrar nesta mesma frequência e a atrai para Você! Quando se concentra no seu desejo, está mudando a vibração dos átomos desta coisa e fazendo-a vibrar *para* Você. O que o transforma na antena de transmissão mais poderosa do Universo é o fato de você possuir o poder de concentrar sua energia por meio dos seus pensamentos e alterar as vibrações daquilo em que se concentra, que é então atraído magneticamente para a sua direção.

Quando pensa em todas as coisas boas que deseja e passa a senti-las, você imediatamente se sintoniza nessa frequência, que então faz a energia delas vibrar para você, trazendo-as para a sua vida. A lei da atração afirma que semelhante atrai semelhante. Você é um ímã de energia, de modo que energiza tudo para você e energiza a si próprio para tudo o que quer. Nós, seres humanos, gerenciamos nossa própria energia magnética, pois ninguém além de nós mesmos pode pensar ou sentir por nós, e são os pensamentos e os sentimentos que criam as nossas frequências.

Quase um século atrás, sem o benefício de todas as descobertas científicas dos últimos 100 anos, Charles Haanel entendeu como o Universo funcionava.

> "A Mente Universal não possui apenas inteligência, ela possui substância, e essa substância é a força magnética que une elétrons por meio da lei da atração para que eles possam formar átomos; os átomos, por sua vez, são unidos pela mesma lei e formam moléculas; e essas moléculas assumem formas perceptíveis.

Isso mostra que a lei da atração é a força criativa por trás de cada manifestação, não só de átomos, como de mundos, do Universo em si, de tudo o que a imaginação possa conceber."

Charles Haanel

Bob Proctor

Não importa em que cidade você viva, o potencial energético do seu corpo é suficiente para iluminá-la por completo durante quase uma semana.

"Tornar-se consciente deste poder é como se tornar um 'condutor de energia'. O Universo é o condutor. A energia que ele possui é suficiente para suprir qualquer necessidade de qualquer indivíduo. Quando a mente individual entra em contato com a Mente Universal, ela recebe toda a sua energia."

Charles Haanel

James Ray

A maioria das pessoas se define por este corpo finito, mas você não é um corpo finito. Mesmo sob as lentes de um microscópio, você é um campo de energia. E o que sabemos sobre a energia é o seguinte: se você perguntar a um especialista em física quântica "o que criou o mundo?", ele então lhe responderá: "Energia." Bem, descreva energia. "Ok, ela não pode ser criada nem destruída, é eterna e inesgotável, sempre existiu e sempre existirá, em um processo de constante formação e transformação." Se você perguntar a um teólogo: "O que criou o Universo?" Ele responderá: "Deus." Descreva Deus: "Ele não pode ser criado nem destruído, é eterno e inesgotável, sempre existiu e sempre existirá, em um processo de constante formação e transformação." Como pode ver, é a mesma definição, apenas a terminologia é diferente.

Então, se você acha que não passa de um corpo físico, está muito enganado. Você é um ser espiritual! É um campo de energia operando em um campo de energia muito maior.

Como tudo isso faz de você um ser espiritual? Para mim, a resposta a esta pergunta é uma das partes mais magníficas do Segredo. Você é energia, e a energia não pode ser criada ou destruída. Ela apenas muda de forma. E isso se aplica a Você! A sua verdadeira essência, a energia pura que é Você, sempre existiu e sempre existirá. Você não pode *inexistir*.

No fundo, você já sabe disso. Você consegue imaginar não existir? Mesmo com tudo o que já viu e experimentou em sua vida, consegue imaginar isso? Não, não consegue, pois é impossível. Você é energia e, portanto, eterno.

A Mente Universal Única

DR. JOHN HAGELIN

A mecânica quântica e a cosmologia quântica confirmam que o Universo basicamente emerge do pensamento. Em última análise, nós somos a origem do Universo, e, quando compreendemos este poder por experiência própria, podemos começar a exercer nossa autoridade e a obter cada vez mais para nós mesmos. A criar qualquer coisa. A saber qualquer coisa que possa ser abarcada pela nossa própria consciência, que, no fim, é a consciência Universal que controla todo o Universo.

Então, dependendo de como usarmos este poder, de forma positiva ou negativa, este será o tipo de corpo que criaremos em termos de saúde, o tipo de ambiente que criaremos. De modo que somos nós que criamos não só nosso próprio destino, como, em última instância, o destino do Universo. Nós somos os criadores do Universo. Isso significa que, na verdade, não há limite para o potencial humano. É tudo uma questão de até que ponto compreendemos e aplicamos essas dinâmicas poderosas, de até que ponto assumimos o controle do nosso poder. E, também aqui, isso tem a ver com nosso nível de pensamento.

Alguns dos maiores mestres e avatares que já existiram descreveram o Universo exatamente como o Dr. Hagelin, dizendo que tudo o que existe é a Mente Universal Única, e que não existe lugar em que a Mente Universal não esteja. Ela existe em tudo. A Mente Universal é toda a inteligência, toda a sabedoria e toda a perfeição que há, e está em tudo e em toda parte ao mesmo tempo. Se tudo é a Mente Universal Única, e a totalidade dela existe em toda parte, então tudo está dentro de Você!

Deixe-me ajudá-lo a entender o que isso significa para você. Significa que *toda e qualquer possibilidade já existe*. Todo o conhecimento, todas as descobertas e todas as invenções do futuro existem na Mente Universal como possibilidades, aguardando para serem evocados pela mente humana. Toda e qualquer criação e invenção da História também foi retirada da Mente Universal, quer a pessoa responsável por ela estivesse consciente disso ou não.

Como você pode ter acesso à Mente Universal? Estando consciente da sua existência, e usando sua extraordinária imaginação. Olhe ao seu redor e procure por necessidades que precisam ser supridas. Imagine como seria se tivéssemos uma grande invenção para fazer isto ou aquilo. Procure por essas necessidades, e então use sua imaginação e seus pensamentos para manifestar o que seria necessário para supri-las. Você não precisa saber como irá fazer a descoberta ou desenvolver a invenção. A Mente Suprema já carrega essa possibilidade. Tudo o que precisa fazer é concentrar sua mente no resultado final e imaginar que a necessidade será suprida, e você a evocará para a existência. Quando pedir, sentir e acreditar, você irá receber. Há um estoque ilimitado de ideias aguardando para serem acessadas e evocadas por você. Tudo está contido em sua própria consciência.

"A Mente Divina é a única e verdadeira realidade."

Charles Fillmore

JOHN ASSARAF

Estamos todos conectados. Apenas não vemos isso. Não existe "lá fora" e "aqui dentro". Tudo no Universo está conectado. É tudo um só campo de energia.

Portanto, qualquer que seja a sua maneira de encarar a questão, o resultado é o mesmo. Nós somos Um. Estamos todos conectados e todos fazemos parte do Campo de Energia Único, ou da Mente Suprema Única, ou da Consciência Única, ou da Fonte Criativa Única. Você pode chamar como quiser, mas somos todos Um.

Se você pensar na lei da atração nos termos de que somos todos Um, verá como ela é absolutamente perfeita.

Compreenderá por que seus pensamentos negativos a respeito de algo se voltarão apenas contra Você. Nós somos Um! Nada de mal pode lhe acontecer, a não ser que você o convoque para si emitindo esses pensamentos e sentimentos negativos. Você recebeu a liberdade de escolher, mas, quando tem pensamentos e sentimentos negativos, está se afastando do Bem Supremo e Absoluto. Pense nas emoções negativas que existem e você verá que todas elas têm como base o medo. Elas se originam de pensamentos de separação, da ideia de estarmos separados uns dos outros.

A competitividade é um exemplo dessa ideia de separação. Em

primeiro lugar, quando você tem pensamentos competitivos, eles vêm de uma mentalidade de escassez, como se você dissesse que o "estoque" é limitado. O que está dizendo é que não há o suficiente para todos, então é preciso competir e lutar para obter o que se quer. Quando você compete, é impossível vencer, por mais que você acredite que saiu vitorioso. Pela lei da atração, a competição atrairá inúmeras pessoas e circunstâncias que competirão contra Você em todas as áreas da sua vida. No fim das contas, você sairá perdendo. Somos todos UM, de modo que quando você compete está competindo contra Você mesmo. Afaste a ideia de competição da sua mente e torne-se uma mente criativa. Concentre-se nos *seus* sonhos, nos *seus* planos, e risque a competição dos seus cálculos.

O Universo é o depósito e o fornecedor Universal de tudo. Tudo vem do Universo e é trazido para você *através* das pessoas, circunstâncias e acontecimentos por meio da lei da atração. Pense na lei da atração como a lei do fornecimento. Ela é a lei que permite que você tenha acesso a um estoque inesgotável. Quando emitir a frequência perfeita do que quer, você irá atrair e receber as pessoas, circunstâncias e acontecimentos perfeitos!

Não são as pessoas que estão lhe trazendo aquilo que você deseja. Se você se agarrar a essa falsa crença, irá atrair escassez, pois estará considerando que o mundo externo e as pessoas são os fornecedores. O verdadeiro fornecedor é o plano invisível, quer você o chame de Universo, Mente Suprema, Deus, Inteligência Infinita, ou do que for. Sempre que receber algo, lembre-se de que o atraiu para si por meio da lei da atração, e por estar sintonizado e em harmonia com o Estoque Universal. A Inteligência Universal que permeia tudo mobilizou pessoas, circunstâncias e acontecimentos para lhe trazer o seu desejo, pois esta é a lei.

LISA NICHOLS

É muito comum nos distrairmos por esta coisa que chamamos de nosso corpo, nossa existência material. Mas ela apenas contém nosso espírito. E o seu espírito é tão grande que preenche todo o espaço à sua volta. Você é a vida eterna. Você é um Deus manifestado em forma humana, a perfeição encarnada.

MICHAEL BERNARD BECKWITH

De acordo com as Escrituras, poderíamos dizer que fomos feitos à imagem e semelhança de Deus. Também poderíamos dizer que somos uma maneira de o Universo ter consciência de si mesmo. Ou que somos um campo infinito de possibilidades em desdobramento. Tudo isso seria verdade.

> "Noventa e nove por cento daquilo que somos é invisível e intangível."
>
> R. Buckminster-Fuller (1895–1983)

Você é Deus em um corpo físico. Você é o Espírito encarnado. É a Vida Eterna se expressando como Você. Você é um ser cósmico. Você é a energia plena. Você é a sabedoria plena. Você é a inteligência plena. Você é a perfeição. Você é a glória. Você é o criador, e está criando a Si Mesmo neste planeta.

James Ray

Todas as tradições humanas afirmam que você foi criado à imagem e semelhança do Criador. Isso significa que você possui o potencial e o poder divinos de criar o seu mundo, e está fazendo isso.

Talvez até aqui tenha criado coisas maravilhosas e dignas de você mesmo, ou talvez não. Mas quero que você reflita sobre o seguinte: "Os resultados que obteve em sua vida são o que você quer realmente? Eles são dignos de você?" Se eles não são dignos de você, então agora não seria o melhor momento para mudá-los? Pois você tem o poder para tanto.

> "Todo o poder vem de dentro, portanto, está sob nosso controle."
>
> Robert Collier

Você Não É o Seu Passado

Jack Canfield

Muitas pessoas assumem um papel de vítimas em suas vidas, e geralmente culpam acontecimentos do passado por isso; quer seja por terem sido criadas por pais abusivos ou por terem crescido em uma família disfuncional. A maioria dos psicólogos defende que cerca de 85% das famílias são disfuncionais; então, de repente, você já não é uma exceção.

Meus pais eram alcoólatras. Eu fui abusado pelo meu pai. Minha mãe se divorciou quando eu tinha 6 anos... ora, de uma forma ou de outra, todos temos uma história como essa. A verdadeira questão é: o que você vai fazer agora? Qual será sua escolha agora? Porque você pode continuar se concentrando nisso, ou pode se concentrar naquilo que quer. E, quando as pessoas começam a se concentrar no que querem, o que elas não querem fica para trás; e o que elas querem entra em expansão, fazendo todo o resto desaparecer.

"Qualquer pessoa que concentra sua mente no lado ruim da vida, que revive constantemente infortúnios e decepções do passado, está pedindo por mais infortúnios e decepções semelhantes no futuro. Se tudo o que você vê no futuro é má sorte, você está pedindo por ela; e certamente irá recebê-la."

Prentice Mulford

Se você olhar para trás e se concentrar nas dificuldades do passado, estará apenas atraindo mais circunstâncias difíceis para Você agora. Deixe tudo para trás, não importa o que seja. Faça isso por você. Se guardar rancor ou culpar alguém por algo em seu passado, só estará prejudicando a si mesmo. Você é a única pessoa que pode criar a vida que você merece. Quando se concentrar deliberadamente no que quer, quando começar a irradiar bons sentimentos, a lei da atração irá responder à altura. Tudo o que você precisa fazer é começar, e, ao fazer isso, estará liberando a magia.

Lisa Nichols

Você é o criador do seu destino. Você é o autor. Você escreve a história. A caneta está em sua mão, e o resultado será aquele que você decidir.

Michael Bernard Beckwith

O melhor da lei da atração é que, onde quer que esteja, você pode começar a "pensar a sério"; pode começar a gerar dentro de você sentimentos de harmonia e felicidade. E a lei começará a responder a isso.

Dr. Joe Vitale

Então, comece agora a ter crenças diferentes, como: "Há mais do que o suficiente no Universo." Ou: "Não estou envelhecendo, estou rejuvenescendo." Podemos criar o que quisermos, como quisermos, usando a lei da atração.

Michael Bernard Beckwith

Você pode se libertar do que lhe foi transmitido hereditariamente, das suas normas culturais, das suas crenças sociais e provar de uma vez por todas que o poder que existe dentro de você é maior do que o poder do mundo.

Dr. Fred Alan Wolf

Você deve estar pensando: "Bom, me parece ótimo, mas não posso fazer isso." Ou: "Ela não vai me deixar fazer isso!" Ou: "Ele nunca vai me deixar fazer isso." Ou: "Não tenho dinheiro para isso." Ou: "Não sou forte o suficiente para isso." Ou: "Não sou rico o bastante para isso." Ou: "Não sou isso, não sou aquilo."

Cada "não sou" desses é uma criação!

Pense bem no que está dizendo ao falar "não sou", e no que está criando ao falar estas palavras. Um insight magnífico compartilhado pelo Dr. Wolf, e que foi registrado por todos os grandes mestres, é o poder das palavras *eu sou* e *eu estou*. Quando diz "eu sou" ou "eu estou", as palavras seguintes estão invocando a criação com uma força poderosíssima, pois você as está declarando como se fossem um fato. Está afirmando-as com toda a certeza. Então, no instante em que fala: "Eu estou cansado", "eu estou falido", "eu estou doente", "eu estou atrasado", "eu sou gordo" ou "eu sou velho", o Gênio da lâmpada diz: "Seu desejo é uma ordem."

Sabendo disso, não seria melhor começar a usar essas palavras poderosas, eu SOU e eu ESTOU, para o seu bem? Que tal falar: "Eu ESTOU recebendo coisas boas. Eu SOU feliz. Eu SOU próspero. Eu ESTOU saudável. Eu SOU amado. Eu SOU pontual. Eu SOU para sempre jovem. Eu ESTOU cheio de energia todos os dias."

Em seu livro *A chave mestra,* Charles Haanel diz que existe uma afirmação que engloba toda e qualquer coisa que qualquer ser humano possa desejar, e que esta afirmação trará harmonia para todas as coisas. Ele acrescenta que "o motivo para tanto é que a afirmação está em perfeita sintonia com a Verdade; e, quando a Verdade é revelada, qualquer forma de erro e discordância deve necessariamente desaparecer".

A afirmação é a seguinte: "Eu sou completo, perfeito, forte, poderoso, amado, harmonioso e feliz."

Se parecer trabalhoso atrair o que você quer do plano invisível para o plano visível, tente este atalho: veja o que você quer como um *fato* consumado. Isso irá manifestar o seu desejo em um piscar de olhos. No instante em que você pede, o *fato* se concretiza no campo espiritual Universal, e esse campo é tudo o que existe. Quando conceber algo em sua mente, saiba que é um *fato*, e que a sua manifestação está consumada.

> "Não há limites para o que esta lei pode fazer
> por você; ouse acreditar em seu próprio ideal;
> pense neste ideal como um fato consumado."
>
> Charles Haanel

Quando Henry Ford trouxe sua visão do automóvel para o mundo, foi alvo de chacota das pessoas ao seu redor, que acharam que ele estava louco por perseguir uma visão tão "delirante". Mas Henry Ford sabia muito mais do que aqueles que zombavam dele. Ele conhecia O Segredo, e conhecia a lei do Universo.

> "Se você achar que vai conseguir, estará certo. Se
> achar que não, também."
>
> Henry Ford (1863–1947)

Você acha que vai conseguir? Sabendo disso, pode alcançar e fazer qualquer coisa que quiser. No passado, talvez você tenha subestimado o quanto é brilhante. Bem, agora você já sabe que é a Mente Suprema e que pode atrair tudo o que deseja da Mente Suprema Única. Qualquer invenção, qualquer inspiração, qualquer resposta, qualquer coisa. Você pode fazer tudo o que quiser. A sua genialidade é indescritível, então comece a dizer isso para si mesmo e a tomar consciência de quem você é de verdade.

MICHAEL BERNARD BECKWITH

Existe algum limite para isso? De forma alguma. Nosso potencial é infinito. Nada pode nos deter. A capacidade, o talento, os dons e o poder que existem dentro de cada indivíduo neste planeta são ilimitados.

Esteja Consciente dos Seus Pensamentos

Todo o seu poder está em sua consciência deste poder, e em *manter* este poder em sua consciência.

Se você deixar, a sua mente pode ser como um trem desgovernado. Ela pode conduzi-lo para pensamentos sobre o passado e, logo em seguida, levá-lo para pensamentos sobre o futuro, pegando as coisas ruins que lhe aconteceram e projetando-as *para* o seu futuro. Esses pensamentos desgovernados também têm poder de criação.

Quando você está consciente, isso significa que está no momento presente e sabe o que está pensando. Você está no controle dos seus pensamentos, e é aí que mora todo o seu poder.

Então, como você se torna mais consciente? Uma maneira é *parar* e se perguntar: "Em que estou pensando agora? Como estou me sentindo agora?" No instante em que faz estas perguntas, você está consciente, pois trouxe sua mente de volta para o momento presente.

Sempre que puder, traga a si mesmo de volta para a consciência do momento presente. Faça isso centenas de vezes por dia, pois, não esqueça, todo o seu poder está em sua consciência deste poder. Michael Bernard Beckwith resume a consciência deste poder quando diz: "Lembre-se de lembrar!" Essas palavras se tornaram a trilha sonora da minha vida.

Para me ajudar a ficar mais consciente, de modo que eu pudesse *me lembrar de lembrar*, eu pedi que o Universo me desse uma *cutucadinha* para me trazer de volta ao momento presente sempre que minha mente decidisse assumir o controle e "cair na farra" às minhas custas. Esta cutucadinha ocorre quando eu topo com alguma coisa ou deixo cair algo, ou na forma de um barulho alto, como uma sirene ou o disparar de um alarme. Todas essas coisas são sinais para mim de que minha mente está divagando, e de que devo trazê-la de volta para o presente. Quando recebo esses sinais, paro na mesma hora e me pergunto: "Em que estou pensando? Como estou me sentindo? Estou consciente?" E é claro que, no instante em que faço isso, eu estou consciente. No exato momento em que você se pergunta se está consciente, você está no agora. Você está consciente.

"O verdadeiro segredo do poder é a consciência do poder."

Charles Haanel

Quando você se conscientizar do poder do Segredo e começar a usá-lo, todas as suas perguntas serão respondidas. Assim que começar a ter um conhecimento mais profundo da lei da atração, poderá tornar o fato de fazer perguntas um hábito e, ao fazer isso, passará a receber a resposta para cada uma delas. Você pode começar usando este livro para vários propósitos. Se estiver buscando alguma resposta ou orientação em relação a algum aspecto da sua vida, faça a pergunta, acredite que receberá a resposta e então abra este livro ao acaso. No exato lugar em que as páginas se abrirem, você encontrará a orientação e a resposta de que precisa.

A verdade é que o Universo tem lhe respondido durante toda a sua vida, mas você só é capaz de receber as respostas se estiver consciente disso. Esteja consciente de tudo ao seu redor, pois você está recebendo as respostas às suas perguntas a cada momento do dia. As vias pelas quais essas respostas podem chegar são *ilimitadas*. Elas podem ser transmitidas na forma de uma manchete de jornal que chama a sua atenção, de uma conversa que você entreouve, de uma canção no rádio, de uma mensagem no para-choque de um caminhão ou de uma inspiração repentina. *Lembre-se de lembrar*, e torne-se consciente!

Eu descobri, ao observar minha própria vida e a de outras pessoas, que nós não temos uma boa imagem de nós mesmos e tampouco nos amamos plenamente. A falta de amor-próprio pode *impedir* que o que queremos chegue até nós. Quando não nos amamos, estamos literalmente afastando as coisas da nossa vida.

Tudo o que queremos, não importa o que seja, é motivado pelo amor. Nosso desejo é experimentar os sentimentos de *amor* por termos essas coisas – juventude, dinheiro, o parceiro ideal, um bom trabalho, um corpo ou saúde perfeitos. Para atrair as coisas que amamos, precisamos transmitir amor, e elas surgirão imediatamente.

Mas a condição é a seguinte: para transmitir a frequência mais sublime do amor, você precisa amar a si mesmo; e, para muitos, isso pode ser difícil. Se você se concentrar nas aparências externas e no que está vendo agora, pode acabar se atrapalhando, pois o que vê e sente a seu próprio respeito neste momento é reflexo de como você *costumava* pensar. Se você não se ama, a pessoa que vê agora provavelmente é cheia dos defeitos que você via em si mesmo.

Para se amar plenamente, você precisa se concentrar em uma nova dimensão de si mesmo. Precisa se concentrar na *presença* dentro de você. Pare por um instante. Concentre-se na *presença vital* dentro de Você. Ao se concentrar nessa *presença* interna, ela começará a se revelar para Você. É uma sensação de puro amor e glória, e é pura perfeição. Esta *presença* é a versão perfeita de Você. Esta *presença* é quem Você é *realmente*. Ao se concentrar nesta presença, ao senti-la, amá-la e louvá-la, você se amará plenamente, muito possivelmente pela primeira vez em sua vida.

Sempre que você se encarar com um olhar crítico, mude seu foco imediatamente para a *presença* dentro de si, e sua perfeição se revelará para você. Ao fazer isso, todas as imperfeições que tiverem se manifestado em sua vida irão desaparecer, pois a imperfeição não pode existir diante desta presença. Quer você deseje recuperar uma visão perfeita, curar-se de uma doença e voltar a se sentir bem, transformar pobreza em prosperidade, reverter o envelhecimento e a degeneração ou erradicar qualquer tipo de negatividade, concentre-se na presença que existe dentro de você e ame-a, e a perfeição irá se manifestar.

> "A verdade absoluta é que o 'Eu' é perfeito e pleno; o verdadeiro 'Eu' é espiritual e, portanto, jamais pode ser menos do que perfeito; jamais pode experimentar qualquer escassez, limitação ou doença."
>
> *Charles Haanel*

Resumindo O Segredo

- *Tudo é energia. Você é um ímã de energia, de modo que energiza tudo para você e energiza a si próprio para tudo o que quer.*

- *Você é um ser espiritual. Você é energia, e a energia não pode ser criada ou destruída – ela apenas se transforma. Portanto, a essência pura do que Você é sempre existiu e sempre existirá.*

- *O Universo emerge do pensamento. Nós somos os criadores não só do nosso próprio destino, como também do Universo.*

- *Há um estoque ilimitado de ideias à sua disposição. Todo o conhecimento, todas as descobertas e todas as invenções existem na Mente Universal como possibilidades, aguardando para serem evocados pela mente humana. Tudo está contido em sua própria consciência.*

- *Nós estamos todos conectados, e somos todos Um.*

- *Liberte-se das agruras do seu passado, de suas normas culturais e crenças sociais. Você é o único que pode criar a vida que você merece.*

- *Um dos atalhos para manifestar seus desejos é enxergar o que você quer como um fato consumado.*

- *O poder está em seus pensamentos, então esteja consciente disso. Em outras palavras, "lembre-se de lembrar".*

O Segredo para a Vida

NEALE DONALD WALSCH

ESCRITOR, PALESTRANTE INTERNACIONAL E GUIA ESPIRITUAL

Não existe um quadro-negro no céu em que Deus tenha escrito o seu propósito, a sua missão na vida. Não há um quadro-negro no céu que diga "Neale Donald Walsch. Um bonitão que viveu durante a primeira parte do século XXI e...", seguido de uma lacuna. Se assim fosse, tudo o que eu teria que fazer para realmente entender o que estou fazendo aqui, por que estou aqui, seria encontrar este quadro-negro e descobrir o que Deus tem em mente para mim. Mas o quadro-negro não existe.

Então, é você quem determina o seu propósito. A sua missão é a missão que você dá a si mesmo. A sua vida será aquilo que você fizer dela, e ninguém além de você irá julgá-la, nem agora e nem nunca.

Você tem a chance de preencher o quadro-negro da sua vida com o que quiser. Se até aqui o preencheu com sua bagagem do passado, apague-o. Apague tudo do passado que não serve para você, e seja grato por ele o haver trazido até seu momento atual, até um novo começo. Seu quadro está limpo, e você pode começar de novo – aqui e agora. Encontre a sua alegria e comece a vivê-la!

JACK CANFIELD

Levei muitos anos para chegar até aqui, pois cresci com a ideia arraigada de que havia algo que eu deveria estar fazendo, e que se não o fizesse Deus não ficaria satisfeito comigo.

Quando compreendi que o meu objetivo principal era me sentir feliz, então comecei a fazer apenas o que me alegrava. É como costumo dizer: "Se não for divertido, não faça!"

NEALE DONALD WALSCH

Alegria, amor, liberdade, felicidade, risadas. Isso é que importa. E, se o que o faz feliz é se sentar e meditar por uma hora, vá em frente! Se o que o faz feliz é comer um sanduíche de salame, vá em frente!

JACK CANFIELD

Quando faço um chamego no meu gato, o meu estado é de alegria. Quando caminho pela natureza, o meu estado é de alegria. De modo que busco me colocar constantemente neste estado e, quando ajo assim, tudo o que preciso fazer é ter a intenção de conseguir o que quero, e o meu desejo se manifesta.

Faça as coisas que ama e que lhe trazem alegria. Se você não sabe o que lhe traz alegria, pergunte a si mesmo: "O que me deixa feliz?" Quando encontrar aquilo que o faz feliz e se comprometer com isso, a lei da atração derramará uma avalanche de coisas, pessoas, circunstâncias, acontecimentos e oportunidades que trarão alegria para a sua vida; tudo por causa da felicidade que você está irradiando.

DR. JOHN HAGELIN

A felicidade é o verdadeiro combustível para o sucesso.

Seja feliz *agora*. Sinta-se bem *agora*. Isso é tudo que você precisa fazer. Mesmo que esta seja a única coisa que você retire da leitura deste livro, terá recebido a parte mais importante do Segredo.

DR. JOHN GRAY

Qualquer coisa que faça você se sentir bem sempre atrairá mais disso para você.

Você está lendo este livro agora. Foi você quem atraiu isso para a sua vida, e é você quem escolhe se irá utilizá-lo, caso tenha feito você se sentir bem. Se ele não tiver feito você se sentir bem, então largue-o de lado. Encontre algo que o faça, que esteja em sintonia com o seu coração.

O conhecimento do Segredo está sendo oferecido a você, e o que você fará com ele está inteiramente nas suas mãos. Seja qual for a sua escolha, ela é a escolha certa para Você. Usá-lo ou não, a decisão é toda sua. Você tem a liberdade de escolher.

"Siga a sua alegria e o universo abrirá portas para você onde antes havia apenas paredes."

Joseph Campbell

LISA NICHOLS

Quando segue a sua alegria, você vive em um estado de felicidade constante. Você se abre para a abundância do Universo. Sente-se entusiasmado por dividir sua vida com as pessoas que ama, e seu entusiasmo, paixão e alegria se tornam contagiosos.

DR. JOE VITALE

É isto que faço quase o tempo todo: sigo minha alegria, minha paixão, meu entusiasmo; e faço isso ao longo de todo o meu dia.

BOB PROCTOR

Aproveite a vida, pois ela é fenomenal! É uma jornada magnífica!

MARIE DIAMOND

Você viverá uma realidade diferente, uma vida diferente. E as pessoas olharão para você e dirão: "O que você faz que eu não faço?" Bem, a única diferença é que você estará trabalhando com O Segredo.

MORRIS GOODMAN

E então você poderá ter, fazer e ser coisas que as pessoas antes diziam que você jamais poderia ter, fazer e ser.

DR. FRED ALAN WOLF

Estamos de fato entrando em uma nova era. A era em que a última fronteira não é o espaço, como em Jornada nas Estrelas, *mas sim a Mente.*

DR. JOHN HAGELIN

Eu vejo um futuro de possibilidades ilimitadas. Lembre-se que usamos, no máximo, 5% do potencial da mente humana. Alcançar os 100% é uma questão de nos educarmos para tanto. Agora, imagine um mundo em que as pessoas usam todo o seu potencial mental e emocional. Poderíamos ir a qualquer parte. Fazer qualquer coisa. Conquistar tudo o que quiséssemos.

A época em que vivemos neste planeta glorioso é o momento mais empolgante da História. Nós veremos o impossível se tornar possível, e teremos essa experiência em todas as áreas da atividade humana e em todas as suas esferas. À medida que nos libertarmos de todo e qualquer pensamento limitador, e *soubermos* que nosso potencial é ilimitado, experimentaremos a incomensurável magnificência da raça humana, expressada através dos esportes, da medicina, da arte, da tecnologia, da ciência e de cada aspecto da criação.

Abrace a Sua Magnificência

BOB PROCTOR

Visualize-se com as coisas boas que deseja para si. Todos os livros religiosos nos dizem isso, bem como todos os grandes livros de filosofia, todos os grandes líderes e todos os avatares que já existiram. Estude a sabedoria dos antigos. Muitos deles foram apresentados a você neste livro. Todos compreenderam uma só coisa. Eles compreenderam O Segredo. Agora você o compreende. E, quanto mais utilizá-lo, mais irá compreendê-lo.

O Segredo está dentro de você. Quanto mais usar o poder que existe dentro de você, mais dele atrairá para si. Com o tempo, você nem mesmo precisará praticar, pois você Será o poder, você Será a perfeição, você Será a sabedoria, você Será a inteligência, você Será o amor e você Será a alegria.

LISA NICHOLS

Você só chegou até onde está agora em sua vida porque algo dentro de você disse esse tempo todo: "Você merece ser feliz." Você nasceu para acrescentar algo de valor a este mundo. Para ser algo maior e melhor do que foi ontem.

Cada uma das experiências pelas quais você passou, cada instante da sua vida, foi uma preparação para este exato momento. Imagine o que você pode fazer de hoje em diante com o que sabe agora. Agora que entende que é o criador do seu próprio destino. Quanto mais você pode fazer? Quanto mais você pode ser? Quantas pessoas mais pode abençoar pelo simples fato de você existir? O que você fará com este momento? Como aproveitará este momento? Ninguém mais pode dançar a sua dança; ninguém mais pode cantar a sua canção; ninguém mais pode escrever a sua história. Quem você é e o que você faz começa a partir de agora!

Michael Bernard Beckwith

Acredito que você é extraordinário, que há algo de magnífico em você. Independentemente do que tenha acontecido em sua vida. Independentemente de quanto você se considere jovem ou velho. No instante em que você começa a "pensar como deve", este algo que existe dentro de você, este poder que é maior do que o mundo, começará a vir à tona. Ele tomará conta da sua vida. Ele será seu alimento. Seu agasalho. Seu guia e protetor, que irá orientá-lo e sustentar sua própria existência. Se você permitir. Isso é algo que posso afirmar, com toda a certeza.

A Terra gira em torno da própria órbita para Você. As ondas do mar vêm e vão para Você. Os pássaros cantam para Você. O sol nasce e se põe para Você. As estrelas despontam no céu para Você. Todas as coisas belas que você vê, todas as coisas maravilhosas que experimenta, tudo isso existe para Você. Olhe ao seu redor. Nada disso poderia existir sem Você. Não importa o que você pensava ser, agora você conhece a Verdade de Quem Você É Realmente. Você é o mestre do Universo. Você é o herdeiro do reino. Você é a perfeição da Vida. E agora você conhece O Segredo.

Que a alegria esteja com você!

> "O Segredo é a resposta para tudo o que existiu, tudo o que existe e tudo o que existirá."
>
> Ralph Waldo Emerson

Resumindo O Segredo

- *Você pode preencher o quadro-negro da sua vida com o que quiser.*
- *A única coisa que precisa fazer é* se sentir bem agora.
- *Quanto mais usar o poder que existe dentro de você, mais deste poder irá atrair para si.*
- *A hora de abraçar a sua magnitude é agora.*
- *Estamos vivendo uma era gloriosa. À medida que nos livrarmos dos pensamentos limitadores, iremos experimentar a verdadeira magnitude da raça humana, em cada aspecto da criação.*
- *Faça aquilo que ama. Se você não sabe o que lhe traz alegria, pergunte a si mesmo: "O que me deixa feliz?" Quando se comprometer com aquilo que o faz feliz, você atrairá uma avalanche de coisas que trarão alegria para a sua vida, pois estará irradiando felicidade.*
- *Agora que você possui o conhecimento do Segredo, a escolha do que fará com ele está nas suas mãos. Qualquer decisão que você tomar será a decisão certa. O poder é todo seu.*

Biografias

John Assaraf

Ex-menino de rua, John Assaraf é hoje autor de best-sellers mundiais, palestrante e consultor empresarial, comprometido a ajudar empresários a conquistarem maiores fortunas enquanto vivem de forma extraordinária. John dedicou os últimos 25 anos a pesquisar o cérebro humano, a física quântica e estratégias empresariais, no sentido de como esses temas estão relacionados ao sucesso profissional e pessoal. Aplicando o que aprendeu, John fundou empresas multimilionárias do zero; e agora compartilha suas ideias excepcionais de como montar negócios e ganhar dinheiro com empreendedores e proprietários de pequenas empresas em todo o mundo. Saiba mais em www.onecoach.com.

Michael Bernard Beckwith

Em 1986, Dr. Beckwith, um progressista transreligioso não filiado a qualquer corrente religiosa específica, fundou o Agape International Spiritual Center, que possui 10 mil membros localmente e centenas de milhares de simpatizantes e afiliados ao redor do mundo. Ele participa de debates internacionais com eminências espirituais como Sua Santidade o Dalai Lama; o Dr. A. T. Ariyaratne, fundador do movimento Sarvodaya; e Arun Gandhi, neto de Mohandas K. Gandhi. É cofundador da Association for Global New Thought, cujas conferências anuais reúnem cientistas, economistas, artistas e líderes espirituais que estão na vanguarda dos esforços para conduzir a humanidade rumo à totalidade de seu potencial.

O Dr. Beckwith ensina meditação e prece científica, organiza retiros e apresenta palestras em conferências e seminários. É o criador do programa Life Visioning Process e autor dos livros *Inspirations of the Heart*, *40 Day Mind Fast Soul Feast* e *A Manifesto of Peace*. Acesse www.Agapelive.com para mais informações.

Genevieve Behrend (c. 1881–c. 1960)

Genevieve Behrend foi pupila do grande juiz Thomas Troward, um dos pioneiros no ensino da metafísica espiritual e autor de *Mental Science*. Thomas Troward escolheu Genevieve como sua única aluna, e ela continuaria a ensinar, divulgar e praticar a "ciência mental" na América do Norte durante 35 anos, além de publicar seus próprios livros de sucesso, como *Your Invisible Power* e *Attaining Your Heart's Desire*.

LEE BROWER

Lee Brower é fundador e CEO da Empowered Wealth, uma firma de consultoria internacional que oferece a empresas, fundações, famílias e indivíduos sistemas e soluções para fortalecer seus quatro pilares: Núcleo, Experiência, Contribuição e Gestão Financeira. Ele é também fundador da agência The Quadrant Living Experience LLC, que licencia e treina uma rede internacional de consultores especializados no método Quadrant Living. Lee é coautor de *Wealth Enhancement and Preservation* e autor de *The Brower Quadrant*. Seus dois websites são www.empoweredwealth.com e www.quadrantliving.com.

JACK CANFIELD

Jack Canfield, autor de *Os princípios do sucesso*, é coautor da série *Histórias para aquecer o coração*, o fenômeno que encabeçou a lista dos mais vendidos do *New York Times* e que possui atualmente uma tiragem de mais de 100 milhões de exemplares. É o principal especialista nos Estados Unidos em criar oportunidades de sucesso para empresários, líderes corporativos, gerentes, profissionais de vendas, funcionários e educadores, tendo ajudado centenas de milhares de indivíduos a realizarem seus sonhos. Para mais informações sobre Jack Canfield, visite www.jackcanfield.com.

ROBERT COLLIER (1885–1950)

Robert Collier foi um escritor norte-americano prolífico e de grande sucesso. Todos os seus livros, que incluem *The Secret of the Ages* e *Riches Within Your Reach*, baseavam-se em sua própria pesquisa extensiva sobre metafísica e em sua crença pessoal de que o sucesso, a felicidade e a prosperidade podem ser obtidos facilmente, e de forma legítima, por todos. Os trechos contidos neste livro foram retirados da edição em sete volumes de *The Secret of the Ages*, graças à generosa permissão da Robert Collier Publications.

DR. JOHN F. DEMARTINI D.C., B.SC.

John Demartini, que chegou a ser diagnosticado com déficit de aprendizagem, é hoje médico, filósofo, escritor e palestrante internacional. Durante muitos anos, ele foi um clínico quiroprático de sucesso, chegando a obter a honraria de Quiroprático do Ano. Atualmente, o Dr. Demartini presta consultoria a profissionais da saúde e dá palestras e escreve sobre medicina e filosofia. Suas metodologias de transformação pessoal ajudaram milhares de pessoas a se organizarem melhor e a encontrarem mais felicidade em suas vidas. Visite seu website: www.drdemartini.com.

MARIE DIAMOND

Marie é internacionalmente famosa por seu domínio da arte do feng shui, e o pratica há mais de 20 anos, refinando o conhecimento que obteve ainda muito jovem. Ela aconselhou diversas celebridades hollywoodianas, grandes diretores e produtores de cinema, ícones da música e escritores famosos. Ajudou muitas figuras públicas a obterem mais sucesso em todas as áreas das suas vidas. Marie criou os métodos Diamond Feng Shui, Diamond Dowsing e Inner Diamond Feng Shui para canalizar a lei da atração para o ambiente de um indivíduo. Visite seu website: www.mariediamond.com.

MIKE DOOLEY

Mike não é um mestre ou palestrante "profissional", mas sim um "explorador" da aventura da vida, com uma trajetória de sucesso pelas áreas corporativa e empresarial. Depois de viver e trabalhar em várias partes do mundo para a Price Waterhouse, em 1989 ele foi um dos fundadores da Totally Unique Thoughts (TUT), empresa dedicada a vender no atacado e no varejo sua própria linha de presentes motivacionais. Começando do zero, a TUT cresceu e se tornou uma cadeia de lojas regional, foi levada para todas as maiores lojas de departamentos dos Estados Unidos e chegou a consumidores em todo o mundo por meio de centros de distribuição no Japão, na Arábia Saudita e na Suíça, vendendo mais de um milhão de Totally Unique T-Shirts©. Em 2000, ele transformou a TUT no Adventurers Club, um clube motivacional e filosófico virtual que atualmente possui mais de

60 mil membros de mais de 169 países. É autor de diversos livros, incluindo os três volumes da série *Notes from the Universe* e o internacionalmente aclamado *Infinitas Possibilidades: A arte de viver seus sonhos*. Saiba mais sobre Mike e a TUT em www.tut.com.

Bob Doyle

Bob Doyle é criador e facilitador do programa Wealth Beyond Reason e tem um importante currículo multimídia sobre a lei da atração e sua aplicação prática. Ele se concentra na lei da atração para ajudar você a ativar de forma mais objetiva a lei em sua vida, atraindo riqueza, sucesso, ótimos relacionamentos e qualquer coisa a mais que deseje. Para mais informações, visite www.wealthbeyondreason.com.

Hale Dwoskin

Autor de *The Sedona Method*, que figurou na lista de mais vendidos do *New York Times*, Hale Dwoskin se dedica a libertar as pessoas de crenças limitadoras de modo a ajudá-las a alcançar qualquer que seja o desejo de seus corações. O método Sedona é uma técnica extraordinária e poderosa que lhe mostra como se livrar de crenças, atitudes e sentimentos limitadores e dolorosos. Ao longo dos últimos 30 anos, Hale tem ensinado esses princípios a corporações e indivíduos em todo o mundo. Visite seu website: www.sedona.com.

Morris Goodman

Apelidado de "Homem-Milagre", Morris Goodman ganhou notoriedade em 1981 ao se recuperar de lesões gravíssimas após sofrer uma queda de avião. Os médicos disseram que ele jamais voltaria a andar, falar ou ter uma vida normal, mas hoje Morris viaja pelo mundo inspirando e motivando milhares de pessoas com sua história fantástica. A esposa de Morris, Cathy Goodman, também participou de *The Secret – O Segredo*, contando sua própria história edificante de superação. Saiba mais em www.themiracleman.org.

John Gray, Ph.D.

John Gray é autor de *Homens são de Marte, mulheres são de Vênus*, o livro sobre relacionamentos mais vendido da última década, tendo ultrapassado os 30 milhões de cópias vendidas. Ele escreveu outros 14 best-sellers, e conduz seminários que contam com milhares de participantes. Seu objetivo é ajudar homens e mulheres a se entenderem, se respeitarem e apreciarem suas diferenças, tanto no âmbito dos relacionamentos pessoais, quanto profissionais. Seu mais recente livro é *A dieta de Marte e Vênus e a solução por exercícios*. Saiba mais em www.marsvenus.com.

Charles Haanel (1866–1949)

Charles Haanel foi um empreendedor norte--americano de sucesso e autor de vários livros, todos contendo ideias e métodos desenvolvidos por ele mesmo que o ajudaram a alcançar a grandeza em sua própria vida. Sua obra mais famosa é *A chave mestra*, que oferece 24 lições semanais para alcançar a grandeza e é tão popular atualmente quanto na época de sua publicação, em 1912.

John Hagelin, Ph.D.

O Dr. John Hagelin é um físico quântico de renome mundial, educador e especialista em políticas públicas. Seu livro, *Manual for a Perfect Government*, explica como solucionar nossos problemas sociais e ambientais mais graves e alcançar a paz mundial por meio de políticas em harmonia com as leis da natureza. John Hagelin recebeu o prestigiado Kilby Award, que reconhece cientistas que ofereceram contribuições importantes para a sociedade. Ele também se candidatou à presidência dos Estados Unidos em 2000 pelo partido Natural Law Party. John é considerado por muitos um dos maiores cientistas da atualidade. Visite seu website: www.hagelin.org.

BILL HARRIS

Bill Harris é palestrante profissional, professor e empresário. Após se debruçar sobre estudos antigos e modernos sobre a natureza da mente e técnicas transformacionais, Bill criou o Holosync, uma tecnologia de áudio que possibilita a qualquer pessoa gozar dos benefícios da meditação profunda. Sua companhia, o Instituto de Pesquisa Centerpointe, já permitiu que milhares de indivíduos em todo o mundo tivessem vidas mais felizes e livres do estresse. Saiba mais em www.centerpointe.com.

DR. BEN JOHNSON M.D., N.M.D., D.O.

Originalmente treinado em medicina ocidental, o Dr. Ben Johnson passou a se interessar pela cura energética após superar uma doença potencialmente letal através de métodos heterodoxos. Seu foco principal são os Healing Codes, uma técnica medicinal descoberta pelo Dr. Alex Lloyd. Hoje, o Dr. Johnson e Alex Lloyd são donos da empresa The Healing Codes Company, que divulga esses ensinamentos. Saiba mais em www.healingcodes.com.

LORAL LANGEMEIER

Loral Langemeier é fundadora da Live Out Loud, que oferece educação e apoio financeiros para ajudar as pessoas a alcançarem seus objetivos relacionados ao dinheiro. Ela acredita que uma mentalidade correta é a chave para obter a prosperidade, e auxiliou várias pessoas a se tornarem milionárias.

Loral aconselha indivíduos e empresas, transmitindo seu conhecimento e experiência. Visite seu website: www.liveoutloud.com.

Prentice Mulford (1834–1891)

Prentice Mulford foi um dos pioneiros do movimento Novo Pensamento e viveu grande parte de sua vida em reclusão. Sua obra, que aborda as leis mentais e espirituais, influenciou inúmeros escritores e mestres. Seus livros incluem *Thoughts Are Things* e *The White Cross Library*, uma coletânea de seus muitos ensaios.

Lisa Nichols

Lisa Nichols é uma grande defensora da capacitação pessoal. Ela é fundadora e CEO dos programas Motivating the Masses e Motivating the Teen Spirit, que ajudam adolescentes, mulheres e empreendedores a realizarem mudanças profundas em suas vidas por meio do desenvolvimento de suas habilidades. Ela também oferece serviços para o sistema educacional, corporações, organizações de capacitação e programas religiosos. Lisa é coautora de *Chicken Soup for the African American Soul*, parte da série campeã de vendas em todo o mundo *Histórias para aquecer o coração*. Visite seu website: www.lisa-nichols.com.

Bob Proctor

Bob Proctor recebeu sua sabedoria de uma linhagem de grandes mestres. Tudo começou com Andrew Carnegie, que então a transmitiu para Napoleon Hill, que por sua vez a transmitiu para Earl Nightingale. Earl Nightingale então passou a tocha da sabedoria para Bob Proctor. Há 40 anos Bob trabalha na área do potencial mental. Ele viaja por todo o mundo ensinando O Segredo, ajudando empresas e indivíduos a criar vidas repletas de prosperidade e abundância por meio da lei da atração. É autor do best-seller internacional *You Were Born Rich*. Saiba mais sobre Bob em www.bobproctor.com.

James Arthur Ray

Após dedicar sua vida ao estudo dos princípios da riqueza e da prosperidade, James desenvolveu o método The Science of Success and Harmonic Wealth©, que ensina às pessoas como obter sucesso ilimitado em todos os aspectos da vida: financeiro, amoroso, intelectual, físico e espiritual. Seus sistemas de desempenho pessoal, programas de treinamento empresarial e ferramentas de coaching são utilizadas em todo o mundo, e ele oferece regularmente palestras sobre a verdadeira natureza da riqueza, do sucesso e do potencial humano. James também é especialista nas tradições orientais, indígenas e místicas. Visite seu website: www.jamesray.com.

DAVID SCHIRMER

David Schirmer é um acionista, investidor e treinador de investimentos de grande sucesso, que oferece diversas oficinas, seminários e cursos. Sua companhia, a Trading Edge, ensina às pessoas como aumentar ilimitadamente seus rendimentos, desenvolvendo uma mentalidade que atrai a riqueza. As análises de Schirmer sobre os mercados de ações e commodities australiano e internacional são altamente respeitadas por serem muito precisas. Saiba mais em www.tradingedge.com.au.

MARCI SHIMOFF, MBA

Marci Shimoff é coautora dos fenômenos de vendas *Histórias para aquecer o coração das mulheres* e *Histórias para aquecer o coração das mães*. Ela é uma líder transformacional e defensora apaixonada do desenvolvimento e da felicidade pessoal. Seu trabalho está especialmente voltado para melhorar a vida das mulheres. É também cofundadora e presidente da empresa The Esteem Group, que oferece programas motivacionais e de desenvolvimento da autoestima para mulheres. Visite seu website: www.marcishimoff.com.

DR. JOE VITALE, MSC.D.

Joe Vitale, que 20 anos atrás era um sem-teto, é hoje considerado um dos maiores especialistas em marketing do mundo. Ele escreveu vários livros sobre os princípios do sucesso e da prosperidade, entre eles, *O manual de ins-*

truções que você deveria ter recebido ao nascer, *Hypnotic Writing* e *The Attractor Factor*, todos best-sellers que chegaram ao topo das listas de mais vendidos. Joe possui doutorado em Ciências Metafísicas e é um hipnoterapeuta certificado, metafísico praticante, pastor ordenado e praticante da técnica medicinal Chi Kung. Para mais informações, visite: www.mrfire.com.

DR. DENIS WAITLEY, PH.D.

O Dr. Waitley é um dos mais respeitados autores, palestrantes e consultores sobre superação dos limites do desempenho humano dos Estados Unidos. Ele foi contratado pela NASA para treinar seus astronautas e, posteriormente, aplicou esse mesmo programa a atletas olímpicos. Seu audiolivro, *The Psychology of Winning*, é o programa de autodomínio mais vendido de todos os tempos. Ele é também autor de 15 livros de não ficção, incluindo vários best-sellers internacionais. Visite seu website: www.waitley.com.

NEALE DONALD WALSCH

Neale Donald Walsch é um mensageiro espiritual dos tempos modernos e autor best-seller da revolucionária série de três livros *Conversando com Deus*, que quebrou todos os recordes da lista de mais vendidos do *New York Times*. Neale publicou 22 livros, bem como programas de áudio e vídeo, e viaja pelo mundo transmitindo a mensagem de uma Nova Espiritualidade. Ele pode ser contatado através do site www.nealedonaldwalsch.com.

Wallace Wattles (1860–1911)

Nascido nos Estados Unidos, Wallace Wattles dedicou muitos anos ao estudo de diversas religiões e filosofias antes de começar a escrever sobre a aplicação dos princípios do "Novo Pensamento". Os vários livros de Wattles tiveram um impacto profundo nos mestres da prosperidade e do sucesso da atualidade. Sua obra mais famosa é o clássico sobre a prosperidade *A ciência de ficar rico*, publicado em 1910.

Fred Alan Wolf, Ph.D.

Fred Alan Wolf é físico, escritor, palestrante e doutor em física teórica. Lecionou em universidades de várias partes do mundo, e seu trabalho sobre física quântica e consciência é amplamente conhecido por meio de suas obras. Ele é autor de 12 livros, incluindo *Taking the Quantum Leap*, que ganhou o National Book Award. O Dr. Wolf continua a escrever e dar palestras por todo o mundo e a realizar sua fascinante pesquisa sobre a relação entre física quântica e consciência. Visite seu website: www.fredalanwolf.com.

Que O Segredo lhe traga amor e alegria
ao longo de toda a sua vida.

Esse é o meu desejo para você
e para o mundo.

Para mais informações, visite www.thesecret.tv.